立ったままで「5秒腹筋」

体を
動かさずに
お腹が凹む！

松井 薫
パーソナルトレーナー
国士舘大学講師・柔道整復師

永岡書店

なかなか凹まないあなたへ

食後に
ズボンの
ベルトが
はち切れた！
（40代・男性）
ポッコリお腹の
おじさんには
なりたくない…
（30代・男性）
体重は
減ったのに
お腹だけが
凹まない
（30代・男性）
お腹が
ぜい肉で3つに
割れている…
（40代・男性）
20代の頃の
スリムな体を
取り戻したい
（40代・女性）

40歳を過ぎて太りやすくなり、
あれよあれよとお腹が出てきて
気がつけば立派な中年太りに…。
その原因は、筋肉量の減少と
基礎代謝の低下です。
つまり、お腹太りを解消するには、
筋肉量を増やせばいいのです！

腹筋運動をやってもお腹が

腹筋運動の
しすぎで
腰痛に…
（50代・男性）

わき腹のお肉、
お尻のたるみ
が気になる
（40代・女性）

ジムで筋トレ
しているけど
成果が出ない
（40代・男性）

忙しくて
運動する時間
がとれない
（40代・女性）

60代、70代
になっても
衰えない体を
つくりたい!
（50代・男性）

「筋トレはつらいし、面倒くさい…」と思っている慢性的な運動不足のあなたにおすすめの筋トレメソッドがあります!

本書では中年太り、ポッコリお腹をスッキリ解消する新しい筋トレ「5秒腹筋」トレーニングメニューを紹介します。

ことで効率よく鍛えられます！

汗をかく、つらい筋トレはもう古い！
本書で紹介する「5秒腹筋」は、筋肉をつぶして鍛えるのが大きな特徴です。
1回5秒でOK！いつでもどこでも簡単にできる画期的な筋トレメソッドです。
日常のスキマ時間を利用して、気楽な気持ちで取り組んでみてください。

腹筋は「つぶす」動作を加える

5秒腹筋の5つのメリット

❶「腹筋をつぶす」動作を
1回5秒でOK!

❷ 体を動かさずにできて、
きつい反復運動は必要なし!

❸ 気になる部分を
ピンポイントで効率よく鍛える!

❹ 通勤電車やオフィスなど、
いつでも、どこでも、簡単にできる!

❺ 筋肉に〝イメージの負荷〟を加え、
脳をだまして効果アップ!

CONTENTS

PROLOGUE

腹筋運動をやってもお腹がなかなか凹まないあなたへ —— 002
腹筋は「つぶす」動作を加えることで効率よく鍛えられます！ —— 004

PART 1

中年太りを解消！
腹筋運動をやっても、あなたのお腹が凹まない理由

従来の腹筋運動をやっても、あなたのお腹は凹みません！ —— 014
中年太りは体の機能低下による老化現象 —— 016
太りにくい体を作るには、〝筋肉の貯金〟を増やすことが必要 —— 017
筋肉量は30歳をピークに、毎年1％ずつ減っていく —— 020
筋肉を動かさずに鍛える「アイソメトリック運動」 —— 021
アイソメトリック運動は、短時間で行え、筋肉痛になりにくい —— 024
間違った腹筋運動では、お腹は凹まず、首や腰を痛めてしまう…… —— 026
腹筋運動は、お腹周辺の〝筋肉をつぶす〟イメージで行う —— 027

あお向けに寝て行う腹筋運動は全身運動だった!? —— 028
使っている筋肉を意識しながら行うだけで良い！ —— 030
筋肉は〝つぶす〟ことで効果的に鍛えられる —— 031
筋肉をつぶすことは、筋肉をできる限り縮めること —— 033
つぶす動作で筋肉がピンポイントで鍛えられ、部分ヤセも可能に —— 034
腹筋の種類と仕組みを知ると筋トレ効果が高まる —— 036
お腹ヤセのカギを握る筋肉「腸腰筋」 —— 039
ぽっこりお腹は腹筋が脂肪に埋もれて隠れている状態 —— 042
COLUMN：皮下脂肪と内臓脂肪の違いとは？ —— 044

PART 2

1回5秒でOK！

立ったままできてお腹が凹む「5秒腹筋」メソッド

超簡単！　いつでも、どこでも立ったままできる「5秒腹筋」 —— 046

お腹周りの筋肉をピンポイントで鍛える「5秒腹筋」――048
「5秒腹筋」の5つのメリット――049
つぶす動作で筋肉を完全収縮させるから1回5秒でOK！――051
きつい反復運動が必要ないから長続きする――052
腹筋をピンポイントで鍛え、皮下脂肪も燃える！――054
1日のスキマ時間を利用して気軽にできる――055
動作や負荷をイメージすることで筋トレ効果が高まる――056
「5秒腹筋」の基本姿勢をマスターしよう――060
〝イメージの負荷〟を想像して、腹筋をギュッとつぶす――062
「5秒腹筋」を実践する前に押さえておきたい3つのポイント――063

お腹太りタイプ別「5秒腹筋」メニュー

下腹・二段腹タイプのメニュー――066
わき腹たるみタイプのメニュー――070
太鼓腹タイプのメニュー――074
腸腰筋も鍛えると5秒腹筋の効果がさらにアップする！――078

CONTENTS

体験談❶：5秒腹筋の3週間トレーニングと
食生活の改善でお腹周りがスッキリ —— 080
体験談❷：5秒腹筋トレーニングに加え
食事と体重の徹底管理で驚異の結果に —— 082
体験談❸：5秒腹筋と大胸筋強化メニューで
たくましく引き締まった上半身に —— 084

「5秒腹筋」についての素朴な疑問Q&A —— 086
Q 腹筋をつぶす感覚をつかめません —— 087／Q 時間や回数は多いほど効果的な
のでしょうか？ 088／Q 毎日行うべきですか？ 089／Q 腹ヤセ効果を高める
コツはありますか？ 090／Q 始めてどのくらいで効果が出ますか？ 091／
Q 呼吸はどうすればいいですか？ 092

COLUMN：「筋肉をつぶす」筋トレ効果を科学実験データが実証 —— 058
体重だけではわからない!? BMIで肥満度をチェックしよう —— 094

PART 3

スッキリ部分ヤセ!

筋肉をピンポイントで鍛える〈目的別〉引き締めメニュー

筋肉をつぶしてピンポイントで鍛えれば部分ヤセもできる! —— 096

筋肉をつぶす筋トレで効率よく部分ヤセできる! —— 098

「イメージの負荷」で脳と筋肉をつなげて効果をアップ! —— 099

「5秒筋トレ」目的別・部分ヤセメニュー

MENU❶：太りにくい体を作るメニュー —— 102

MENU❷：体幹を強化するメニュー —— 106

MENU❸：たくましい胸板を作るメニュー —— 108

MENU❹：下半身をスッキリ引き締めるメニュー —— 110

MENU❺：肩こりを予防・解消するメニュー —— 110

MENU❻：四十肩、五十肩の解消メニュー —— 112

CONTENTS

MENU❼：腰痛を予防・解消するメニュー――114
5秒腹筋と部分ヤセ効果を高めるおすすめストレッチ――116
日常のスキマ時間を活用して、効率よく〝筋活〟をしよう！――122

「スキマ筋トレ」メニュー

通勤編――124／オフィス編――127／自宅編――131
COLUMN：日頃から腹筋を意識して使ってますか？――134

PART 4

今さら聞けない！ 40歳から知っておきたい筋トレのQ&A

Q なぜ、お腹にぜい肉がつきやすいの？ 136／Q 筋トレをすると体重が増えるのでは？ 138／Q リバウンドしないように気をつけることとは？ 139／Q 筋トレを効果的に行う条件とは？ 140／Q 筋トレだけでホントにやせるの？ 142／

Q 速筋と遅筋の違いとは？ 鍛え方も異なるの？ 143／Q インナーマッスルとは？ 鍛え方のポイントは？ 144／Q 筋トレをすると体が硬くなるの？ 145／Q 筋トレをすると体は若返るの？ それとも老けるの？ 146／Q 筋トレは1日のなかで、いつ行うのが一番効果的？ 147／Q 筋トレと有酸素運動の順番は大事？ 148／Q 有酸素運動は、どんな運動を、どのくらいの時間やればいい？ 149／Q ストレッチは筋トレの前と後、どっちに行うの？ 150／Q 筋肉痛が残っていても筋トレを行って大丈夫？ 151／Q トレーニングの目標設定のポイントは？ 152／Q トレーニングが長続きしないワケは？ 154／Q どんな食事がおすすめですか？ 155／Q アルコールは筋トレに影響する？ 156／Q 夜遅く食べるのは良くないってホント？ 156／Q プロテインを飲めば筋肉は大きくなる？ 157

おわりに —— 158

本書は、2011年2月に小社より刊行した『1回5秒でお腹が凹む スクイーズトレーニング』を加筆・訂正し、再構成したものです。

CONTENTS

PART 1

中年太りを解消！

腹筋運動をやっても、あなたのお腹が凹まない理由

あなたのお腹は凹みません!

筋トレはきつい方が効くと
勘違いしていませんか?
40歳からの筋トレは短時間で
楽にできる方が効くのです。

従来の腹筋運動をやっても、

NG

汗をかく筋トレはもう古い！

中年太りは体の機能低下による老化現象

20代の頃に比べて食べる量は変わらない、あるいは、食べる量は減らしているにもかかわらず、年齢が上がるにしたがって体重が増えたり、お腹だけがぽっこりと出てしまったという人は少なくないはずです。

ある調査では、30代半ばから少しずつ太り始め、40代半ばまでに約7割以上の人が「昔よりも太ったと実感している」という結果が出ています。

私自身も食事量は変わらないのに20代後半から太り始め、いつの間にか体重が90kgを超えてしまった経験があります。当時はスポーツクラブでトレーナーをしていましたが、クラブの先輩から「そんな体ではトレーナーに見えないから、もっと体を絞りなさい」と言われ、ボディビルを始めました。

また、久しぶりに学生時代の仲間に会うと、昔は筋肉ムキムキでマッチョだった体型が、今では〝でっぷりお腹〟になっている友人がたくさんいます。

人はなぜ加齢とともに太ってしまうのでしょうか。

「中年太り」は、筋肉量の減少にともなう「基礎代謝」の低下が**一番の原因**に挙げられます。代謝については、次のページで詳しく説明しますが、ひとことで言えば、脂肪をエネルギーとして消費してくれる体の働きです。

基礎代謝の量は10代半ばをピークに低下していきますが、若い時期の筋肉量の貯金があるおかげで、20代半ばくらいまでは加齢による急激な体重増加はほとんどありません。しかし、30代を迎えると、どうしても体には脂肪がついていくのです。

中年太りは、白髪や老眼などと同じように、体の機能が低下することによって起こる老化現象のひとつと言えます。

太りにくい体を作るには、〝筋肉の貯金〟を増やすことが必要

「太る」という現象は、簡単に言えば、摂取エネルギーが消費エネルギーを上回ったときに起こります。

中年太りの一番の原因は、**基礎代謝の低下**です。

私たちは、まったく体を動かしていなくても、呼吸をする、内臓を動かす、体温を保つなど、生きていくために常にエネルギーを消費しています。これを基礎代謝と言いますが、寝ているときや安静時に消費されるエネルギーでありながら、1日に消費される全エネルギーの60〜70％を占めています。

こうしたエネルギー消費を担っているのは、おもに〝全身の筋肉〟です。

そして、筋肉の量と基礎代謝の量は、ほぼ比例関係にあります。加齢とともに筋肉量は減少するので、基礎代謝量、すなわちエネルギーを消費する量も低下していきます。消費しきれずに残ったエネルギーは脂肪となって蓄積されるのです。

左ページのグラフをご覧ください。基礎代謝量は10代半ばをピークに低下していき、40代を境に50代、60代でガクンと落ちていきます。つまり、中年になって20代の頃と同じ食生活を続けていると、太ってしまうのは当然の現象なのです。

したがって、中年太りを解消して、お腹を凹ませたいと思ったら、筋肉量を増やし、基礎代謝量を上げることを考える必要があります。

加齢により筋肉量が減るにつれ基礎代謝量も低下していく

年齢別の基礎代謝量

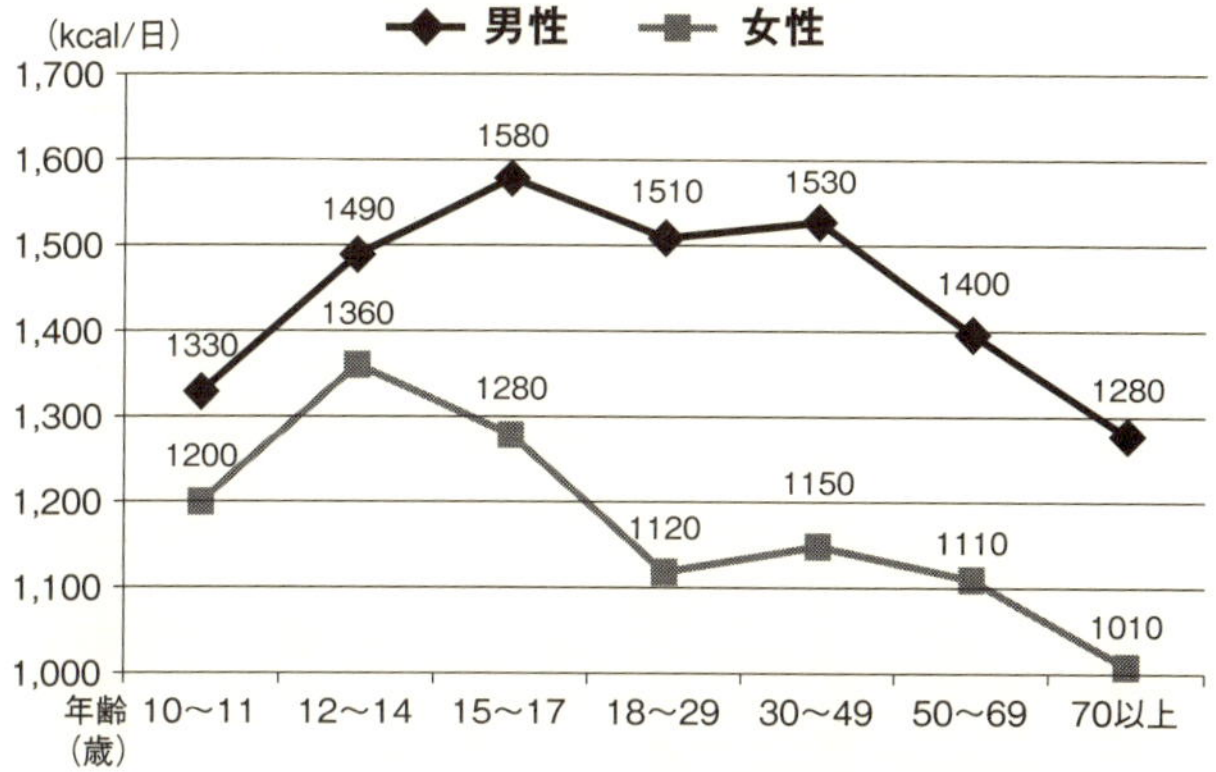

※厚生労働省「日本人の食事摂取基準」(2010年版)より作成

1日のエネルギー消費量の割合

40歳を過ぎると基礎代謝量はガクンと落ち、50歳を過ぎると男性はピーク時の88%、女性は81%にまで低下してしまう。

●基礎代謝…呼吸をする、内臓を動かす、体温を保つなど、生きていくために常に消費されるエネルギー
●身体活動量…日常の行動や運動などで消費されるエネルギー
●食事誘発性熱産生…食事をして消化、吸収するときに使われるエネルギー

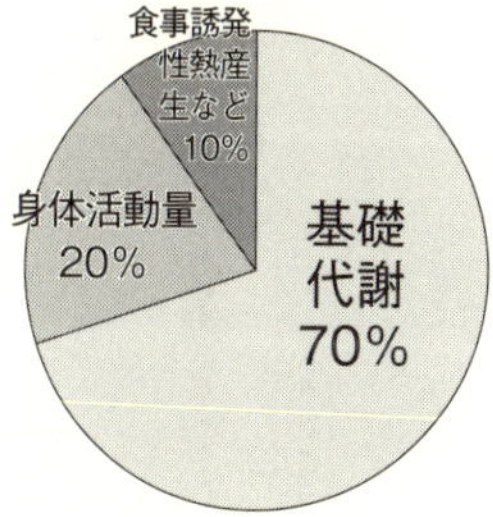

筋肉量は30歳をピークに、毎年1%ずつ減っていく

一般的に、筋肉量は30歳頃をピークに、年齢を重ねるにつれて毎年1%ずつ減ると言われています。

筋肉量が減ることで、基礎代謝量も減少し、摂取したエネルギーを消費しきれずに脂肪として蓄積する、というのはすでに説明した通りです。

中年期を迎えて、たとえ体重が変わらなくても体型が崩れてしまうのは、筋肉が減る代わりに脂肪がついてしまうからです。

だったら、中年太りの解消策は明らか。**〝基礎代謝量を高めるために筋肉を増やそう〟**ということです。筋肉を増やせば、基礎代謝によって燃焼する体内の脂肪も増え、お腹周りのぜい肉はどんどん落ちていきます。

しかも、その筋肉を維持していくと、やせた後に再び太ってしまうリバウンドを防ぐことができます。ずっとその体型をキープしていられるわけです。

体内のほかの臓器と違い、筋肉には、使えば使うほど筋線維が太くなり、大きく発達するという性質があります。

筋肉をつけるのに、年齢的な限界はありません。

60代、いや、たとえ80代の方でも正しいやり方でトレーニングを行えば、筋肉は簡単に増やすことができます。「もう歳だからできない……」などと自分で自分に限界を設けず、前向きな気持ちで取り組むようにしてください。

とはいえ、「つらいトレーニングはしたくない」「仕事が忙しくて運動する時間がとれない」と思っている方も多いでしょう。

本書では、そんな運動嫌いな方、ズボラな方、体の衰えが気になる40歳以上の方におすすめしたい画期的な筋力トレーニング法を紹介します！

凹 筋肉を動かさずに鍛える「アイソメトリック運動」

筋力トレーニングは、筋肉の収縮の方法によって、「アイソメトリック運動」と「ア

イソトニック運動」とに分けられます。

筋力トレーニングというと、重いダンベルを持ったり、腕や脚を曲げたり伸ばしたりして筋肉に負荷をかける、つらい運動を思い浮かべる方が多いでしょう。これは、アイソトニック（＝等張性筋収縮）運動のことで、関節を動かしながら筋線維を収縮させるトレーニング法です。

それに対して、アイソメトリック運動は、筋肉の長さを一定に保ちながら（つまり、腕や脚を曲げたり伸ばしたりせずに）力を入れ、筋肉そのものを収縮させるトレーニング法です。アイソメトリック（＝等尺性筋収縮）とは、わかりやすく言うと「静的運動」のことで、文字通り、筋肉を動かさずに力を入れる状態を指します。

たとえば、壁で背中だけを支えながらイスに座ったようなポーズをとる空気イスや、重い荷物を持ち続ける動きは、同じ姿勢を保っているだけですが、筋肉に負荷がかかっているため、やがて太ももや腕がプルプルと震えてきます。

ひじを曲げずに壁を力いっぱい押したときも、壁からの反作用の力が働き、腕の筋肉を使っていることが実感できます。また、腕相撲で二人の力が拮抗《きっこう》しているときも筋力を使っていますが、腕の位置は止まったままどちらにも傾きません。

これらは、いずれも体をほとんど動かさずにしっかりと筋肉に負荷をかけています。つまり、**止まったままの状態で筋肉を使うトレーニング法が、アイソメトリック運動**というわけです。

静止した状態で筋肉に負荷をかける

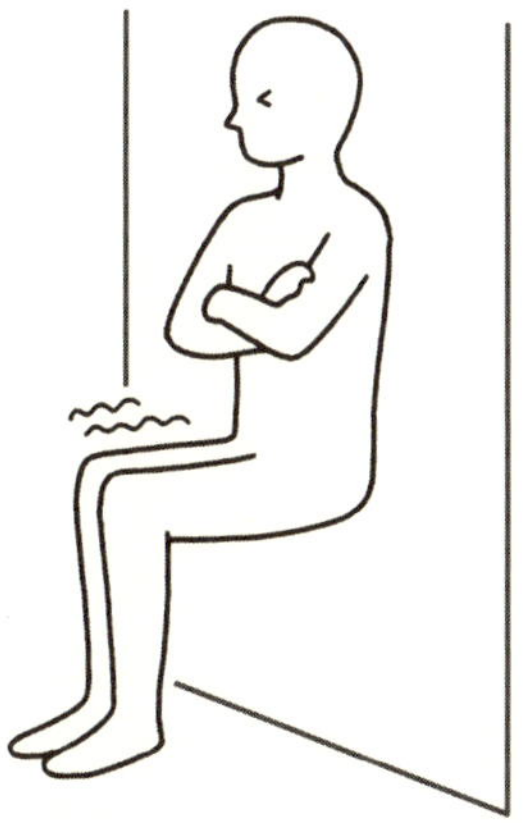

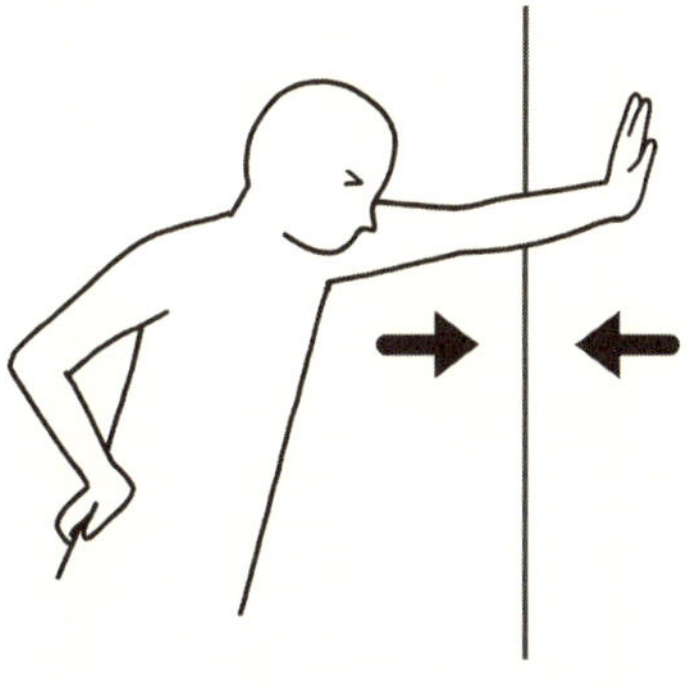

体をほとんど動かさない状態で力を入れ、筋肉を収縮させて鍛えるのがアイソメトリック運動の特徴。空気イスやひじを曲げずに壁を力いっぱい押すのもアイソメトリック運動といえる。

アイソメトリック運動は、短時間で行え、筋肉痛になりにくい

「アイソメトリック運動」は、もともと筋力の弱い人に向けて、また、リハビリ目的に用いられていた運動で、筋力トレーニングに慣れていない方や激しい運動が苦手という方にこそ、おすすめのトレーニングです。

その理由はふたつあります。

ひとつは、**いつでも、どこでも、短時間で行えるうえ、気になる部位だけを集中的に鍛えられる**ので、効率よく筋力アップできるということ。

アイソメトリック運動は〝静的トレーニング〟の意味もあり、時間や場所を選ばずにできるというメリットがあります。ダンベルなどの器具も使いませんから、トレーニングジムに通う必要もありません。自宅やオフィス内はもちろん、通勤電車の中でも誰にも気づかれずに静止状態でできてしまいます。

もうひとつの理由が、腕や脚を屈伸させる従来の筋力トレーニング運動に比べ、

筋肉や関節への負担が少ないこと。負荷がかかりすぎないため、疲労感があまり残りません。ほかの運動に比べて筋肉痛にもなりにくく、年齢や性別、体力の有無に関係なく、誰でも十分なトレーニング効果を得ることができます。

こうした手軽さから、アイソメトリック運動は近年、注目されています。汗をかいて激しい動きを繰り返し、きつい思いをしなければならないトレーニングでは、なかなか前向きに頑張ろうという気持ちにはなれません。でも、アイソメトリック運動なら、つらい反復運動はせずに気楽な思いで長続きできます。そのうえ、驚くようなトレーニング効果が得られます。運動不足や体力不足の方に、うってつけの筋力トレーニングと言えるでしょう。

ＰＡＲＴ２で紹介する**「５秒腹筋」は、アイソメトリック運動の要素を取り入れた、立ったままできる腹筋運動**です。

凹 間違った腹筋運動では、お腹は凹まず、首や腰を痛めてしまう……

皆さんは、腹筋運動をどのように行っていますか？　腹筋トレーニングというと、多くの方は、床にあお向けに寝た状態から、上体を起こす運動を思い浮かべると思います。学生時代に部活動で、この腹筋運動を繰り返し行った人も多いでしょう。

でも、その腹筋トレーニングが本当に正しいのか、考えたことはありますか？

よく見られる間違った腹筋トレーニングは、両手を組んで後頭部を抱えるようにするやり方です。これでは、首に力が入り、肩や腕、背中などの筋肉を総動員して上体を起こしていることになり、腹筋は鍛えられません。

首の筋肉を使わないようにするには、両手で軽く握りこぶしを作り、首のつけ根近くの小さな突起（第七頸椎《けいつい》といいます）があるあたりにこぶしを添えて、首自体をロックして動きにくくします（P61参照）。首だけでお辞儀がしにくい状態になっていればＯＫです。

凹 腹筋運動は、お腹周辺の〝筋肉をつぶす〟イメージで行う

また、専門書やジムのトレーナーさんが、腹筋トレーニングのやり方について、「目線はおへそを見て、体を丸めるようにしてください」と説明しているケースもよく見られますが、これも腹筋のつき方を完全に無視した間違ったやり方です。

無理におへそを見ようとして上体を丸めると、首を痛めてしまうおそれがあるうえ、腹筋にはほとんど力が入りません。回数を重ねていくことで、腰や背中にも過度の負担がかかります。間違った腹筋運動では腹筋を鍛えられないどころか、首や背中、腰を痛めてしまうだけなのです。

腹筋トレーニングで重要なのは、〝筋肉を収縮させる〟ことです。

したがって、目線は前方のやや遠くに向けながら、上体は丸めるのではなく、アコーディオンの蛇腹《じゃばら》部分を縮めるように、**お腹周辺の筋肉を〝つぶす〟**イメージを持つことがポイントになります。

そして最後に、ひざは曲げて行いましょう。昔はひざをまっすぐに伸ばし、足首を押さえてもらうやり方が主流でした。しかし、ひざを伸ばしたままでは、脚の筋肉に力が入りやすくなり、本当の意味での腹筋運動になりません。しかも、腰や背中で上体を支える形になるため、腰を痛めやすくなります。

あお向けに寝て行う腹筋運動は全身運動だった!?

あお向けに寝た状態から、上体を起こすという腹筋トレーニングは、回数をこなしても効果が薄いと感じたことはありませんか？

それは、従来の腹筋運動が、どちらかと言えば、首の反動や下半身の筋肉を使った〝全身運動〟に近いからです。先ほど紹介した正しいやり方だと、上体を10回起こすだけでもかなりきつい運動です。

そのうえ、きつくなってくると、「1・2・3！」のタイミングで反動をつけ、上体を起こすこと〝だけ〟に集中してしまうため、腹筋に負荷をかけるという本来の

間違った腹筋運動は腰痛の原因に…

間違った腹筋運動

首の反動や下半身の筋肉を使った腹筋運動では全身運動になってしまい、お腹ヤセの効果は小さい。無理に行うと首や腰を痛める原因に…。

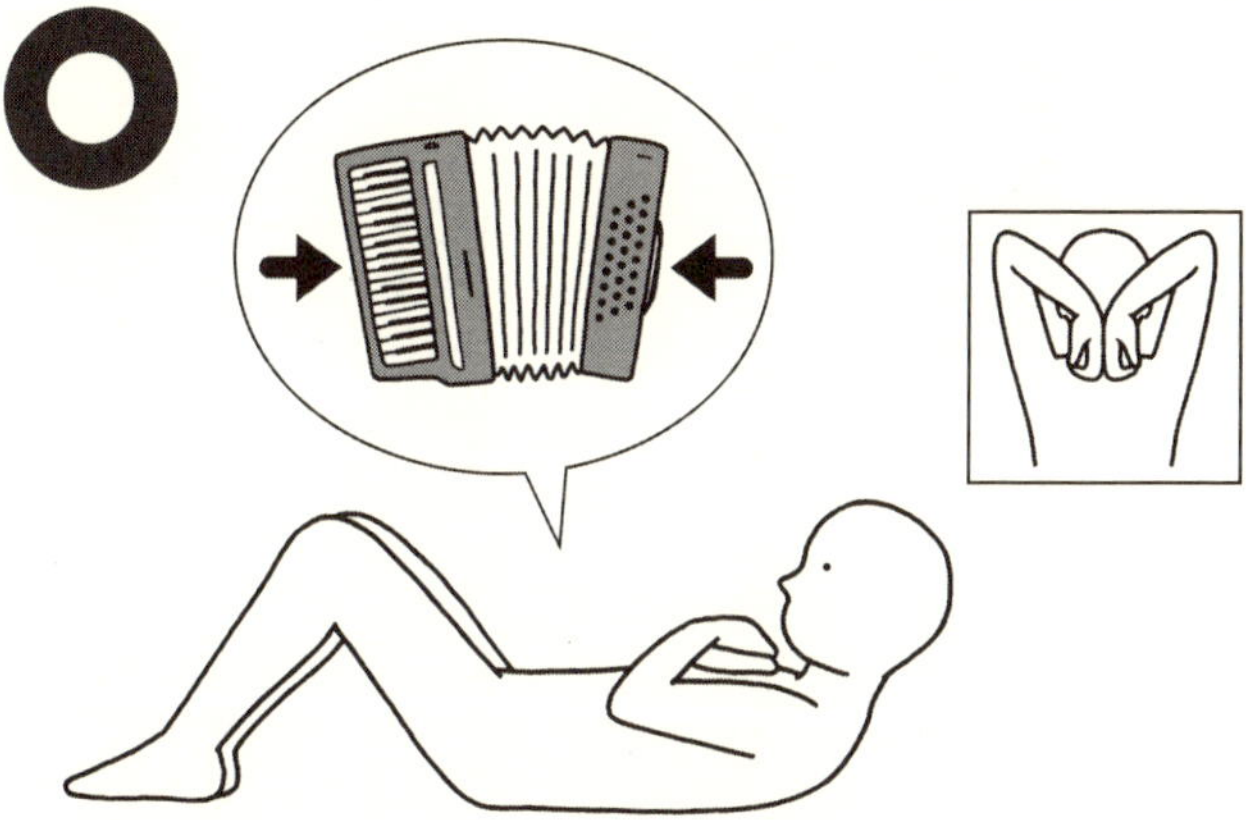

正しい腹筋運動　アコーディオンの蛇腹を縮めるように、お腹周辺の筋肉をつぶして、収縮させるのがポイント。上体を丸めるのではなく、お腹をつぶすイメージで行う。
両手で軽く握りこぶしを作り、手の甲を合わせるようにして首のつけ根に添えると首が固定され、無理な負担がかからない。

目的が見失われやすくなります。

腹筋が弱い女性や、運動不足の男性の中には、上体を1回も起こせないという方もいるかもしれません。体力の衰えた中高年の方が無理にやろうとすると、腰痛などを引き起こすリスクも高まります。

そして、それが正しいやり方の腹筋トレーニングだったとしても、厳密に言えば腹筋だけを使っているわけではなく、首や背中、下半身の筋肉も動員しているため、結果的に、お腹周りの脂肪をピンポイントに落とすことはできません。

使っている筋肉を意識しながら行うだけで良い！

あお向けに寝た状態で行うやり方だけが腹筋運動ではありません。

腹筋運動には立ったり、座ったりした状態でもできる多くのバリエーションがあります。

また、皆さんは、筋力トレーニングを「つらくなければ意味がない」「回数を多くこなすほど効果が高い」と考えてはいませんか？

そうだとしたら、大きな間違いです。回数を追うだけの筋力トレーニングは、お腹周りの脂肪を減らしたり、筋肉をつけることには直結しません。

気をつけるべきは、1回1回の〝質〟です。使っている筋肉を意識しながら行うだけで、効果は大きく変わってきます。

PART2で紹介する「5秒腹筋」は、あお向けに寝て行う腹筋運動のような〝やりにくさ〟や〝きつさ〟を軽減できる新しい腹筋トレーニングと言えます。

筋肉は〝つぶす〟ことで効果的に鍛えられる

筋肉とは、収縮する（縮む）ことで力を発生させる器官であり、鍛えれば鍛えるほど大きく発達します。

これは、筋肉を形成している一本一本の筋線維がハードなトレーニングによって破壊され、休息や栄養などが加わって回復すると、それまでよりも大きな、あるいは強い筋肉に変わる「※超回復《ちょうかいふく》」という現象が起きるからです。

筋肉痛は、筋肉を大きくするための要因のひとつと言えます。

21ページから説明したアイソメトリック運動のように、静止した状態で筋肉に負荷をかけるだけでも、十分なトレーニング効果が期待できます。

さらに、そこから「筋肉をつぶす」というアイソトニック的な動きを加えると、筋肉がしっかり収縮してプラスアルファのトレーニング効果が得られるのです。

「筋肉をつぶす」動きはボディビルのポージングにも活かされています。ボディビルダーが肉体美をアピールする際にとるポーズは、あらゆる筋肉をギューッとつぶすことで狙った部位にピンポイントで刺激を与え、筋肉をより大きく、より力強く見せているのです。

私もボディビルを始めてから、筋肉に正しい刺激を与えれば、面白いように筋肉が育つことを身をもって知りました。夢中になってトレーニングを積んだことで、東京オープンボディビル選手権大会では銅メダルを獲ることができました。

※超回復＝筋力トレーニング後に24～48時間くらいの休息をとることによって起こる現象で、休息の間に筋肉の総量がトレーニング前よりも増加することを言います。

筋肉をつぶすことは、筋肉をできる限り縮めること

ただ、普段からそれほど運動をしていない方にとって、「筋肉をつぶす」という表現は少しわかりにくいかもしれません。

「筋肉をできる限り縮める」と言えば、理解していただけるでしょうか。

たとえば、右腕で力こぶを作ってみてください。

力こぶが盛り上がる部分の筋肉は上腕二頭筋と呼ばれます。単純にひじを折り曲げたときと、ひじを折り曲げてから小指の側面を自分の顔に向けるように手首をひねったときでは、どちらの方が上腕二頭筋が盛り上がりましたか?

手首をひねったやり方の方が大きな力こぶができたと思います。

「力こぶを見せて」と言われたとき、実は多くの人が無意識のうちに行っている動きです。これこそ上腕二頭筋をできる限り縮めるという動きで、すなわち「筋肉をつぶしている」ということになります。

つぶす動作で筋肉がピンポイントで鍛えられ、部分ヤセも可能に

つぶす動作の目的は、体を動かせる範囲で、筋肉を最大限に収縮させることにあります。**筋肉を完全収縮させれば、筋肉を鍛える効果が最大になり、動かした筋肉の周りにある余分な脂肪から優先的に燃焼していく**のです。

この考え方をあらゆる筋力トレーニングに応用していけば、引き締めたい部位の筋肉に直接、刺激を与えることができます。つまり、これまで難しいと思われてきた〝部分ヤセ〟も可能になるのです。

もちろん、お腹太りの解消にも抜群の効果を発揮します。

しかも、ピンポイントで筋肉を刺激できるので、通常の回数よりも少ない回数でOK。トレーニングの効率が格段に上がるのです。

力こぶを作る動作は、筋肉をつぶす動作

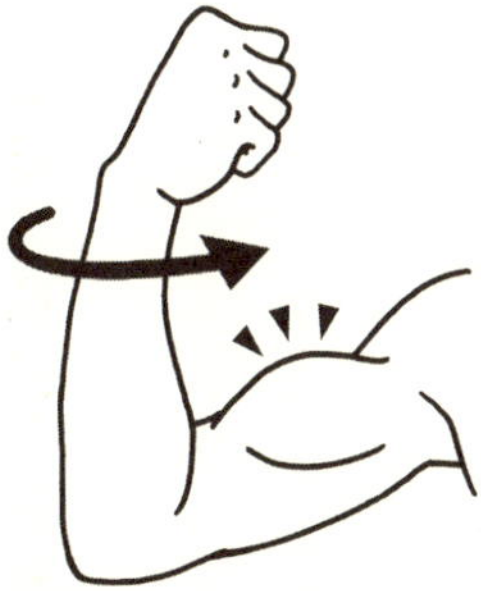

小指の側面が見えるように手首をひねることで筋肉がしっかり収縮して、力こぶが大きく盛り上がる。筋肉をつぶして完全収縮した状態といえる。

ひじをただ折り曲げた状態では、腕に力が入らずに力こぶもあまり盛り上がらない。つまり、筋肉があまり収縮していないということ。

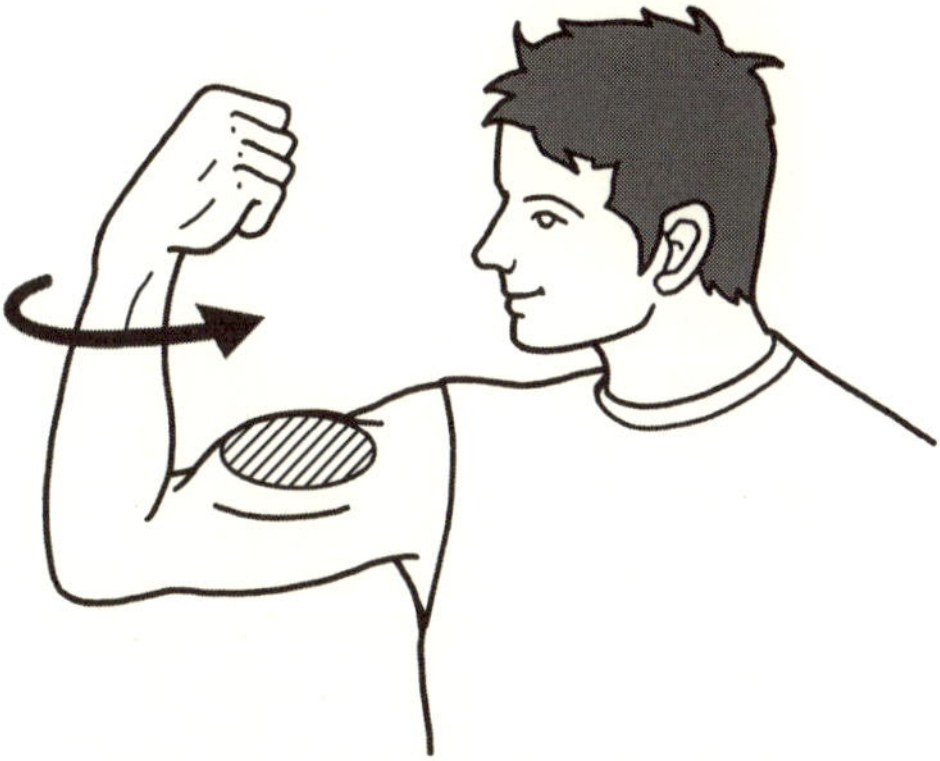

ひじを折り曲げる動きと回外《かいがい》※の動きを合わせると、筋肉が完全収縮して、効率よく刺激される。また、引き締めたい部位の筋肉に意識を集中することで、筋肉と脳が神経ネットワークでつながり、ピンポイントで鍛えられやすくなる。これが筋肉をつぶして鍛える「5秒腹筋」トレーニングの原理だ。

※回外＝腕などを外側にひねる動作。前腕を、手のひらが上を向くように回転させること

腹筋の種類と仕組みを知ると筋トレ効果が高まる

さて、お腹を凹ませるための筋力トレーニングを紹介する前に、腹筋の種類や仕組み、役割などを理解しておきましょう。PART2では、「お腹太りにはタイプがあり、このタイプの方は、この筋肉を鍛えましょう」と説明していますから、腹筋について理解を深めておくのは、各部位を意識した効果的なトレーニングをするためにも欠かせないことなのです。

そもそも「腹筋」という名称の筋肉はありません。

一般的に「腹筋」と言われている筋肉は、いくつかの種類に分かれており、おもに腹直筋、腹斜筋、腹横筋があります。これらを総称して「腹筋群」ということになります。本書では便宜上、腹筋群を腹筋と呼びます。

この部位が引き締まれば、お腹太りは解消され、男性は男性らしく、女性は女性らしく、美しいボディラインに整っていきます。

●お腹をまっ直ぐに覆う筋肉「腹直筋」

腹筋を構成する筋肉の中で、みぞおちから下腹にかけて、お腹の中央部を縦に走っているのが「**腹直筋**《ふくちょくきん》」です。〝お腹をまっ直ぐに覆っている筋肉〟なので腹直筋と言われています。

体を起こすときや姿勢を維持するために、また、あらゆる身体運動においてボディバランスを保つために使われます。さらには腹部の臓器を正しい位置に保ち、正常な働きを維持する役割もあります。

きれいに割れた腹筋を「シックスパック」と言ったりしますが、それは、この部位の筋肉の形状を指しています。

この腹直筋だけを指して、「腹筋」と呼ぶこともあります。

●わき腹周辺にある筋肉「腹斜筋」

左右のわき腹周辺にあり、内腹斜筋《ないふくしゃきん》と外腹斜筋《がいふくしゃきん》のふたつの斜めの層からなる筋肉を**「腹斜筋《ふくしゃきん》」**と言います。

上半身を横に倒したり、ひねる動きをするときに使われますが、日常生活ではあまり使わないため、余分な脂肪がつきやすい部分でもあります。とくに女性があこがれるウエストの〝くびれ〟は、この腹斜筋がしっかり鍛えられているかどうかが大きく影響してきます。

●お腹を体の奥深くから支えている「腹横筋」

お腹の深部にあるインナーマッスルと呼ばれる筋肉で、お腹全体を体の奥深くから支えているのが、**「腹横筋《ふくおうきん》」**です。

腹斜筋の下にあり、腹筋群のもっとも内側、つまり内臓側に筋線維が横方向に走っている筋肉です。腹横筋が収縮すると、ベルトをきつく巻いたときのように引き締まり、お腹が凹みます。

腹横筋には、呼吸を補助する呼吸筋の役割と、内臓がきちんと働くための腹圧を高め、体幹を安定させたり、固定させる役割があります。

これら腹直筋、腹斜筋、腹横筋を合わせて腹筋群、あるいは腹筋と呼んでいるわけです。

お腹ヤセのカギを握る筋肉「腸腰筋」

そして、腹筋群には分類されませんが、お腹太りに密接に関わる部位として、「腸腰筋《ちょうようきん》」も知っておきたいところです。

腸腰筋とは、背骨と両脚のつけ根を結ぶ大腰筋《だいようきん》、骨盤と脚のつけ根を結ぶ腸骨筋《ちょうこつきん》の総称で、腹直筋と連動しながら太ももを引き上げたり、姿勢を維持したりする働きをしています。

とくに階段などを昇るときは、最初に大腰筋が脚を引っ張り上げてから、その後の大きな動きを腹直筋が行うという関係性にあります。

歩くときはモデルウォークのように、脚のつけ根部分から動かしていくのが理想ですが、最近は、ひざが先に出てしまう〝ひざ先行〟の歩き方になっている方が目立ちます。これでは腸腰筋が十分に使われず、太ももの引き上げ動作もないため、腹筋もほとんど動いていません。

結果的に、腰周りにぜい肉がつきやすくなるので、腸腰筋がお腹太りの遠因になっているということになります。

さらに、腸腰筋が弱くなる弊害として、つまずきやすくなったり、転びやすくなったりする歩行障害につながるほか、猫背などの姿勢の悪さから腰痛を引き起こすこともあります。

運動指導を行っていても、「階段を昇ると脚がパンパンになってしまうんです」とおっしゃっている方が大勢いらっしゃいます。これは、普段の歩き方で腸腰筋をきちんと使えていないので、階段昇りのときに本来使うべき腸腰筋ではなく、大腿四頭筋で脚を引き上げていたことが原因だと考えられます。

腹筋と腸腰筋は連動していますから、腹筋を意識するには腸腰筋を意識するべきですし、腸腰筋を意識するには腹筋を意識する必要があるのです。

歩くときは、できるだけ脚のつけ根から動かすことを心がけましょう。

腹筋の構造とお腹太りとの関係

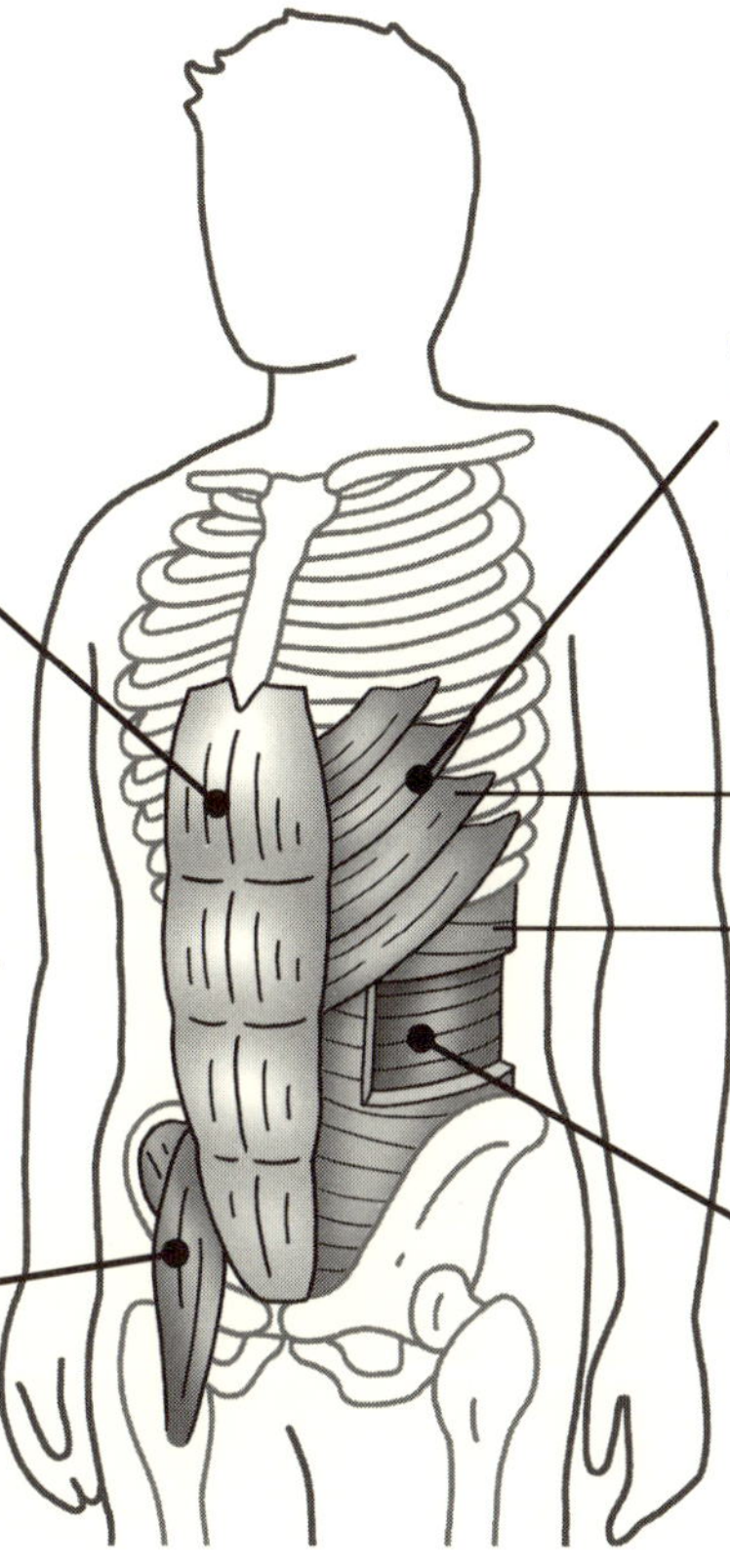
腹斜筋《ふくしゃきん》
左右のわき腹周辺にあり、内腹斜筋と外腹斜筋を合わせて「腹斜筋」と言う。日常生活であまり使わない筋肉のため、余分な脂肪がつきやすい部分でもある。
腹直筋《ふくちょくきん》
みぞおちから下腹にかけて、お腹の中央部を縦に走っている筋肉。きれいに割れた〝シックスパック〟は、この部位の筋肉の形状を指している。
外腹斜筋
内腹斜筋
腹横筋《ふくおうきん》
お腹の深部にあるインナーマッスルで、お腹全体を体の奥深くから支えている。ここが弱ると、〝ビール腹〟になりやすい。
腸腰筋《ちょうようきん》
大腰筋と腸骨筋の総称。腹直筋と連動しながら太ももを引き上げるなどの働きがあり、十分に使われないと、お腹太りの遠因になる。

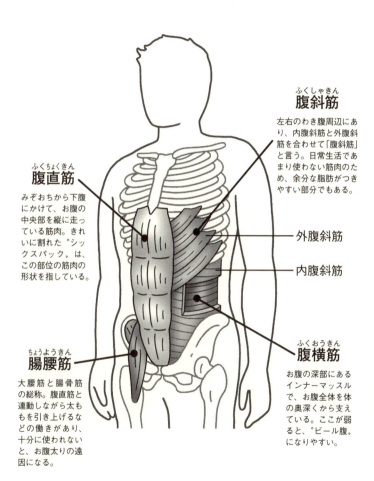

ぽっこりお腹は腹筋が脂肪に埋もれて隠れている状態

板チョコのようにバキバキに割れたたくましい腹筋を見て、「すごいなぁ」と、あこがれを持った経験は、誰にでもあるのではないでしょうか。

ただし、人体の構造から言えば、腹筋が割れていない人はいません。生まれたばかりの赤ちゃんでもご老人でも腹筋は割れています。そう見えないのは、腹筋が脂肪に埋もれているからなのです。

割れている、割れていないといった場合の腹筋は、腹直筋のことを指します。みぞおちから下腹にかけて、お腹の中央部を縦に走る腹直筋は、中央の白線《はくせん》で左右に分けられ、筋線維を直角に横切る腱画《けんかく》により6〜8個に分割されています。

腹直筋は鍛えることで肥大しますが、腱画や白線は変化しません。すると、腱画や白線で切れ目を入れたように腹直筋が浮き上がり、ブロック状に割れて見えるということです。

たとえば、ところてんを突いたとき、網目の間からところてんが一斉に押し出されてきます。あの網目から出た瞬間といえば、イメージできるでしょうか。

自分の腹筋をシックスパックにしたいなら、腹直筋を大きくするように鍛えることと、脂肪をできるだけ減らすことです。とくに脂肪が多ければ、筋肉は隠されて外見からは見えなくなります。

シックスパックのような腹筋を目指すのは、お腹を凹ませた後の話ですが、あなたの腹筋はすでに割れているということを覚えておいてください。

さて、このPART1では、中年太りになってしまう原因やその解消法、また、筋肉の効果的な鍛え方や腹筋の構造などを解説してきました。ご理解いただけたでしょうか。

＊

続くPART2では、とくにお腹周りにスポットを当て、多くの皆さんが悩んでいるお腹太りの解消法を詳しく説明していきます。難しいことは一切ありませんので、気楽に取り組んでみてください。

COLUMN

皮下脂肪と内臓脂肪の違いとは?

お腹についた脂肪には、「皮下脂肪」と「内臓脂肪」の2種類があります。

皮下脂肪とは、皮膚の下にある皮下組織という部分につく脂肪です。男性に比べ、女性の体につきやすく、おもに下半身の肉づきが良くなるその体型から、皮下脂肪型の肥満は「洋ナシ型肥満」とも呼ばれます。

一方の内臓脂肪とは、腸や肝臓など、内臓の周りにつく脂肪のこと。皮下脂肪に比べて生活習慣の影響を受けやすく、女性よりも男性の体に多くつきやすい性質があります。内臓脂肪型の肥満は、下半身よりもウエスト周りが大きくなるその体型から、「リンゴ型肥満」とも呼ばれます。

自分のお腹の肉をつまんでみたとき、お腹の肉だけがつまみやすくなっていたら皮下脂肪が多く、お腹がぽっこりと出ているわりに、肉をつまみづらかったら内臓脂肪が多く蓄積されている証拠です。内臓脂肪はつきやすい反面、落ちやすい脂肪ですが、増えすぎて肥満になると、命に関わる病気に直結しますので、とくに注意が必要です。

PART 2

1回5秒でOK！

立ったままできてお腹が凹む「5秒腹筋」メソッド

立ったままできる「5秒腹筋」

1回たった5秒でOK！
腹筋をギュッとつぶすだけで
お腹周りが引き締まる！
簡単でいつでもできるので
運動不足の方にこそおすすめです！

超簡単！いつでも、どこでも

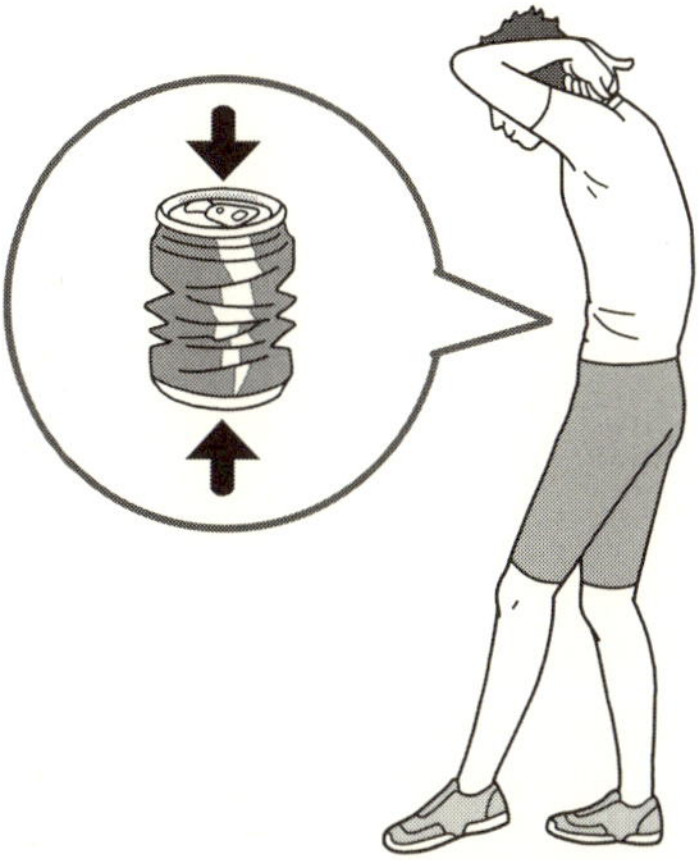

空き缶を縦に
つぶすイメージで
腹直筋を押しつぶす

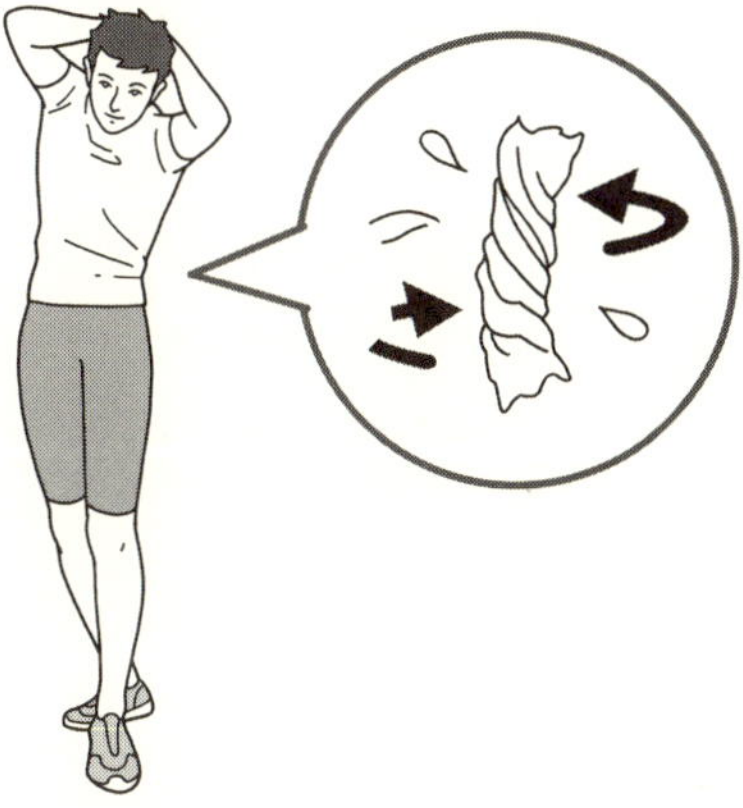

雑巾をしぼる
イメージで
腹斜筋を
ねじりつぶす

お腹周りの筋肉をピンポイントで鍛える「5秒腹筋」

本書で紹介する腹筋トレーニングを「**5秒腹筋**」と呼ぶことにします。

筋肉は、完全収縮させたときに鍛える効果が最大になり、エネルギーを消費する力も高まります。トレーニングにおいて、「筋肉をつぶす」動きを加えると筋肉が完全収縮して、狙った部位にピンポイントで刺激を与えるため、トレーニング効果が高まるということは、上腕二頭筋にできる力こぶを例に挙げて、すでに述べました。

お腹を凹ませるトレーニングも、腹筋をつぶすことで効率よく鍛えることができるのです。あお向けに寝て行う従来の腹筋運動では、全身運動になってしまうため、腹筋をピンポイントでは鍛えられず、お腹はなかなか凹みません。

この章では、効果的にお腹ヤセを実現させる新しい腹筋トレーニングメソッド「5秒腹筋」について、詳しく解説していきます。

お腹周辺の脂肪を効率よく燃焼させることを目的とする5秒腹筋は、「**腹筋をつ**

ぶして完全収縮させる」という動作にポイントがあります。

この理論に至った背景には、私自身の12歳のときの苦い経験があります。

私は、幼少期から野球や柔道に熱中するスポーツ少年でした。しかし、当時は正しいトレーニング方法が確立されておらず、なんの疑いもなくウサギ跳びや体を折り曲げる腹筋運動を行っていました。そうした過酷な運動によって、12歳で腰椎の椎間板ヘルニアと腰椎分離症を患ってしまったのです。

あまりの痛さに動けない時期もあったほどでした。「そうした思いは二度としたくない」「自分のような思いをする人が少しでも減ってほしい」。そんな考えから健康作りに役立つ正しいエビデンス（科学的根拠）を大学で学び、トレーナーとしての実践経験から「5秒腹筋」の理論を確かなものにしました。

「5秒腹筋」の5つのメリット

では、腹筋はどのようにつぶせばいいのでしょうか。

5秒腹筋は、あお向けに寝た状態から上体を起こす従来の腹筋運動とは違い、立ったままで体を動かさずにできるのが特長です。立った状態から、お腹で空き缶を縦につぶすイメージで、上半身と下半身で腹筋をギュッと圧縮します。腹筋をつぶして完全収縮させることで、ピンポイントで効果的に刺激でき、トレーニング効果がアップするのです。

5秒腹筋のメリットを挙げると、以下のようになります。

❶「腹筋をつぶす」動作を1回5秒でOK！
❷体を動かさずにできて、きつい反復運動は必要なし！
❸気になる部分をピンポイントで効率よく鍛える！
❹通勤電車やオフィスなど、いつでも、どこでも、簡単にできる！
❺筋肉に〝イメージの負荷〟を加え、脳をだまして効果アップ！

いかがですか？　今までの〝きつい〟とか〝ストイック〟というイメージとは、まったく異なるトレーニングだと思いませんか？　次項からは、ここで挙げた「5秒腹筋」の特長を詳しく解説していきましょう。

つぶす動作で筋肉を完全収縮させるから1回5秒でOK！

あお向けに寝て行う腹筋運動を何回も繰り返し行っている人は多いでしょう。「5秒腹筋」トレーニングは、何十回も繰り返す反復運動は必要ありません。「筋肉をつぶす」動作を1回5秒行うだけです。

たった5秒でお腹を凹ませられるなんて本当？　と思う方も多いでしょう。詳しくは後ほど解説しますが、お腹つぶしは基本的に、息を吐きながらお腹に力を入れて腹筋を縦に押しつぶしていきます。

この「腹筋をつぶす」という動作で筋肉を完全収縮させることで、筋肉を鍛える効果が最大になるため、たった5秒でＯＫなのです。

1回だけでなく10回（1セット）連続でやるのが理想ですが、日常のスキマ時間を利用してこまめに行っても効果は出ます。

トレーニングジムに通ったり、道具を使ったりする必要がありませんから、お金もかかりません。動き自体も単純なので、これまで「ダイエットが面倒だ」「きつくて大変」と長続きしなかった方、運動が苦手な方、ズボラな方でも、必ず長く続けられます。

きつい反復運動が必要ないから長続きする

ご自身の経験も含め、周囲に「腹筋を毎日、何十回、何百回やっている」と自信満々に言っている人はいませんか？

どのようなやり方であっても、トレーニングを持続できていること自体は素晴らしいことです。ところが、トレーニング法が間違っているせいで努力に見合った成果が出ていない人も、残念ながら少なくありません。

従来の腹筋運動は首の反動や下半身の筋肉を使った全身運動に近く、きつくなってくると、反動や勢いを利用して起き上がろうとしがちです。それでは筋肉への負荷が分散してしまい、腹筋を鍛える効果は小さくなってしまいます。回数をこなす割にトレーニング効果が少なかったのは、そのためです。

お腹を凹ませるための腹筋トレーニングに、反動や勢いは一切不要です。何十回、何百回も反復してやる必要がなく、少ない回数で確実に効果が出ます。

PART1では、筋力トレーニングにはアイソメトリック運動とアイソトニック運動があると述べましたが、5秒腹筋は、筋肉をあまり動かさずに負荷をかけるアイソメトリック（等尺性筋収縮）運動に分類されます。

ただ、100％アイソメトリック運動かと言えば、そうではなく、「筋肉をつぶす」という点では、アイソトニック（等張性筋収縮）運動の要素も加わります。

つぶす動作が終われば、そこからはアイソメトリック運動ですから、筋肉の長さが変わらずに筋肉そのものが収縮します。つまり、決まったポーズを持続するだけで良く、激しい動きを何度も繰り返す必要がありません。

5秒腹筋は、アイソメトリック運動に、アイソトニック運動をミックスさせることとで、より高いトレーニング効果を得られるメソッドなのです。

腹筋をピンポイントで鍛え、皮下脂肪も燃える!

〝筋肉をつぶす〟動作を加えると、狙ったパーツに刺激を与えられます。

「5秒腹筋」なら腹直筋、腹斜筋、腹横筋などの狙った筋肉にピンポイントで負荷をかけることによって、トレーニング効率を高めることができます。

以前、『ミラクル☆シェイプ』(日本テレビ系列)というテレビ番組で、お笑いトリオ・安田大サーカスの団長こと安田裕己さんのダイエットをサポートさせていただいたことがあります。

この企画では、団長さんは食生活から改善し、「5秒腹筋」を中心とした各部位のトレーニングに本気で取り組んでくれました。その結果、1ヶ月後には体重が約10kg、ウエストは13cmも減るという成果を収めました。

ちなみにお腹太りは、ぜい肉が脂肪となって蓄積されることで進みますが、その脂肪は内臓脂肪と皮下脂肪に大別されます。そして、お腹ヤセの観点からやっかいなのは、〝つきにくいけれど落ちにくい〟性質の皮下脂肪です。

体脂肪は動かしている筋肉近くから優先的に燃焼すると考えられます。落ちにくい皮下脂肪でさえも、腹筋をつぶすようにしてピンポイントに鍛えることでどんどん燃えていくわけです。

〝つきやすいけれど落ちやすい〟内臓脂肪は皮下脂肪以上に効率よく燃焼しますから、「5秒腹筋」でお腹は思うように引き締まり、理想の体型に近づきます。

1日のスキマ時間を利用して気軽にできる

筋力トレーニングの多くは、時間や場所、道具などの制約がともないます。

「5秒腹筋」は、51ページで説明したように、1回1動作、たった5秒でできるトレーニングです。

たとえば、あお向けに寝て上体を起こす従来の腹筋運動をオフィスで行うことはできないでしょう。トレーニングジムに通えば、決して安くはない利用料金もかかってしまいます。

「5秒腹筋」には、そうした面倒なことは一切ありません。

立ったままできるうえ、道具をまったく使いませんから、「腹筋をつぶす」という基本動作さえマスターしてしまえば、いつでも、どこでも簡単にできます。

ビジネスマンであれば、通勤電車の中や仕事の合間に。主婦であれば、家事や買い物の合間に。歯を磨くついでにでも、待ち合わせや信号待ちの数分間でも、自宅でテレビを見ながらくつろいでいるときでも、ちょっとしたスキマ時間を有効に使えば、すべてお腹を凹ませるためのトレーニングになるわけです。

動作や負荷をイメージすることで筋トレ効果が高まる

筋力トレーニングは、想像力を働かせることがとても重要です。

頭の中で〝イメージの負荷〟を想像し、脳を〝ダマす〟のです。

たとえば上腕二頭筋を鍛える場合、軽い一本のペンを握って腕を曲げ伸ばししても、なんのトレーニングにもなりません。そこで、「このペンは重いダンベルだ」とイメージしながら腕を動かしてみましょう。

腕の動きや力の入り具合が変わってくるはずです。もしダンベルが想像しづらければ、実際に辞書や電話帳のような重い物を持ってから、その感覚を思い出しながら行ってみてください。

「このペンは重い！」とイメージする。あるいは物を持たなくても、重い岩を引っ張るイメージや、硬い空き缶を握りつぶすイメージを持つだけで、不思議と腕に力が入り、上腕二頭筋がより効果的に収縮されます。

これがイメージの負荷であり、脳を〝ダマす〟ということです。

そのコツさえつかんでしまえば、「5秒腹筋」の〝つぶす動作〟も正しく行え、トレーニング効果は格段にアップします。「筋力トレーニング＝イメージ」ということを覚えておいてください。

COLUMN

「筋肉をつぶす」筋トレ効果を科学実験データが実証！

医学博士の和田匡史《わだただし》氏が行った研究では、筋肉をつぶすことで筋トレ効果が高まることが実証されています。

和田氏は、5kgのダンベルを持ち、関節を外側にひねったとき（最大回外位）と、内側にひねったとき（最大回内位）で、筋放電量がどう変化するかを比較しました。その結果が左ページのグラフです。右腕も左腕も、最大回内時よりも最大回外時の方が筋放電量が多いことがわかります。これは、外側にひねった方が筋肉により大きな負荷がかかっていることを示しています。

「5秒腹筋」でお腹をつぶすという動作は、この場合、外側にひねる最大回外位にあたり、ひねらずに力を入れたり、内側にひねるよりも大きな負荷がかかります。

つまり、その筋肉に関連する関節の動作を意識的に加えることで、同じ負荷でも筋肉への刺激を最大限に生かすことができる、と言えるわけです。

ちなみに和田氏は、その研究の中で「腹直筋のトレーニングは体幹部を丸めて『アコーディオンの蛇腹《じゃばら》のようにつぶす』イメージを持つと、より大きな効果が得られる可能性がある」と、脳と筋肉の関係についても言及されています。

最大回外位

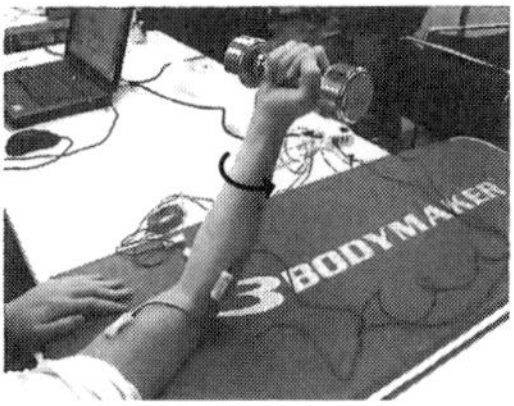

最大回内位

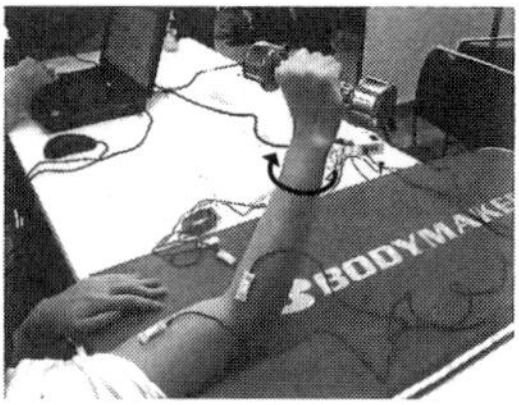

右腕のデータ

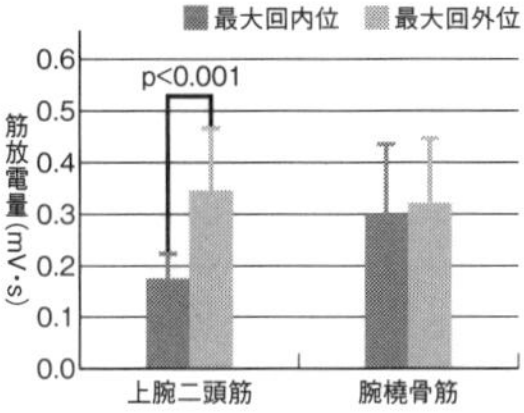

左腕のデータ

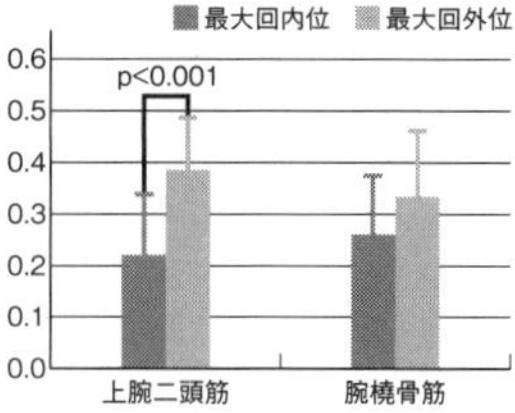

5kg のダンベルを使用したアームカール（肘関節屈曲・伸展）で実験。右腕も左腕も、最大回内時よりも最大回外時の方が筋放電量が多く、より大きな負荷がかかっていることがわかる。$p < 0.001$ は、統計的にも違いが見られたことを示している。

和田匡史（わだ・ただし）

国士舘大学理工学部理工学科健康医工学系教授。医学博士。研究分野はスポーツバイオメカニクス、ストレスと睡眠・覚醒リズム。主な著書に『スポーツサイエンス入門』（丸善）などがある。

〈参考文献〉

田口貞善、矢部京之助、伊坂忠夫：スポーツサイエンス入門. 丸善, 2010.
Ikai M.,Ishii k.,Miyashita M.:An electromyographic study of swimming. Research journal of Physical Education 7(4).47-54.1964.

「5秒腹筋」の基本姿勢をマスターしよう

「5秒腹筋」を行うには、最初に基本姿勢をマスターしておくことが欠かせません。正しい姿勢は、トレーニング効果を高めるための原点です。

腹筋を完全収縮させるための前段階として、お腹周りの筋肉をできるだけ伸ばしておくことが重要であり、それを考慮したポーズが基本姿勢になります。

両ひじの位置は耳より高くする
顔は正面に向け、まっすぐ前方を見る
腹筋を引き上げて上下に伸ばす

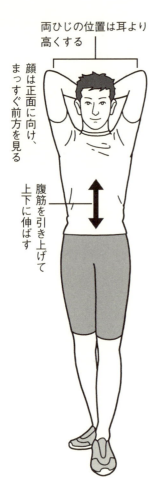

手の添え方とNG例

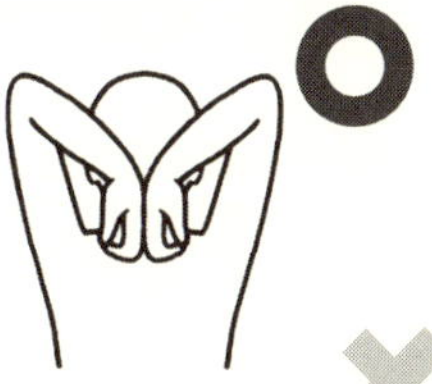

ひじを下に向けたり、閉じるのはNG。ひじの位置は耳より上をキープして、首をしっかり固定する。

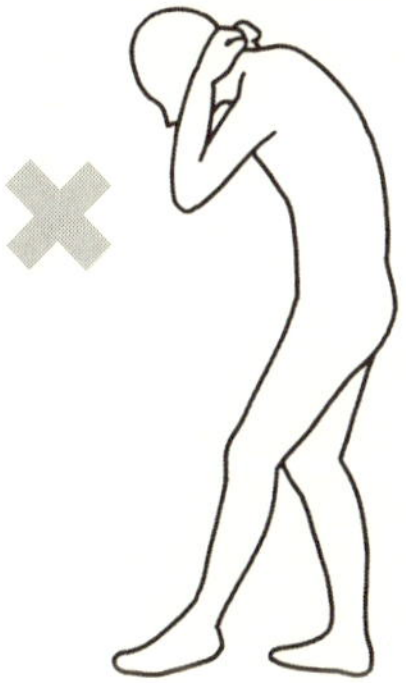

猫背やへっぴり腰はNG。

両手で軽く握りこぶしを作り、左右の手の甲を合わせるようにして首の後ろに添える。首と後頭部をしっかり固定する。

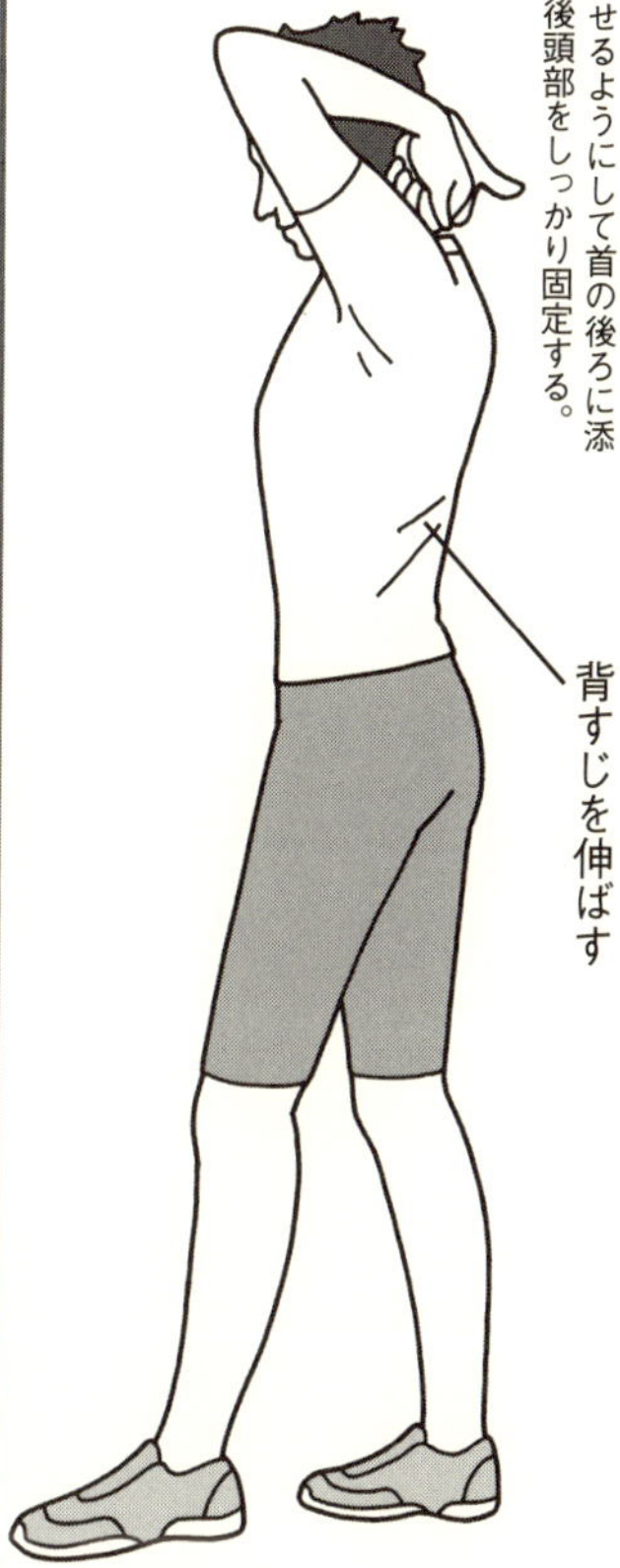

まっすぐ立った状態から左右どちらかの足を一歩前に出す。

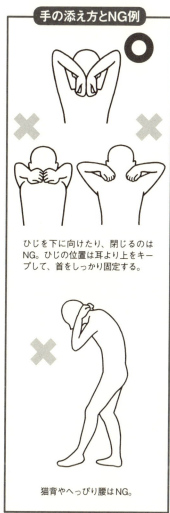

〝イメージの負荷〟を想像して、腹筋をギュッとつぶす

腕に力こぶを作るとき、何も考えずに手をギュッと握るよりも、重い岩を引っ張ったり、硬い空き缶を握りつぶすイメージを持つと、より大きな力が発揮できます。これは、イメージの負荷を想像することで、筋肉と脳が神経系のネットワークでつながり、意識している筋肉をピンポイントで鍛えやすくなるからです。

では、5秒腹筋では、どのようにイメージすればいいのでしょう。

腹筋は、腹直筋、腹斜筋、腹横筋から構成されますが、それぞれをピンポイントで鍛える場合、思い浮かべるイメージもひとつひとつ変わってきます。

腹直筋は、空き缶を上下に押しつぶすイメージです。あるいはアコーディオンの蛇腹《じゃばら》部分を伸ばした状態から縮めるイメージでも構いません。

腹斜筋は、雑巾をしぼるイメージです。体幹を雑巾に見立ててひねり、腹直筋でやった空き缶を縦につぶすイメージを応用します。

腹横筋は、地面の割れ目に上半身と下半身でアーチを作るイメージです。腹横筋をアーチの支柱に見立てます。

最初は腹筋をつぶす感覚がつかみにくいかもしれませんが、イメージの力を利用することで、それぞれの筋肉を完全収縮させ、狙ったパーツをダイレクトに鍛えられる動きが身につきます。

「5秒腹筋」を実践する前に押さえておきたい3つのポイント

実際に5秒腹筋や部分ヤセのトレーニングを始める前に、押さえておきたい基本事項を紹介します。トレーニングを始めて、もし「なかなか効果が出ない」と感じたら、以下の基本事項を確認するようにしてください。

❶ 基本姿勢を身につけ、腹筋をつぶす感覚を覚えよう

5秒腹筋は、正しい姿勢で行うことが大前提です。間違った姿勢で続けると、思

うように効果が得られないばかりか、腰などを痛めてしまうおそれがあります。また、基本姿勢をマスターして腹筋をつぶす感覚を覚えたら、両手を首の後ろで添えなくても大丈夫です。つぶす感覚がつかめなくても、お腹に意識を集中して行えば効果は得られます。

❷ 目標とする体型を思い描いて取り組む

目標を持たないままのトレーニングでは、モチベーションはやがて下がり、挫折しがちです。自分はどんな体型になりたいのか。理想の姿を思い描きながら取り組むと、効果はより早く現れます。また、5秒腹筋の〝筋力をつぶす〟メソッドは、部分ヤセにも応用できます。部分ヤセトレーニングについては、PART3で紹介しています。

❸ 自分のペースで継続することが成功のカギ

トレーニング効果には個人差があります。1～2週間で効果が出てくる人もいれば、1ヶ月経ってもなかなか変化が見られない人もいます。5秒腹筋は、やった回数分だけ効果が出るとは限りません。一度にやりすぎるよりも、1回1回を集中して行うことが重要です。いつでも、どこでもできるのが5秒腹筋のメリットです。焦らずに自分のペースで継続していきましょう。

*

次ページから「お腹太りのタイプ別・5秒腹筋メニュー」を詳しく紹介します。

お腹太りのタイプ

タイプ1 下腹・二段腹太り

タイプ2 わき腹たるみ太り

タイプ3 太鼓腹太り

5秒腹筋

下腹・二段腹タイプのメニュー

このお腹太りの原因は腹直筋が衰えていること。空き缶を縦にギュッと押しつぶすようなイメージで腹直筋を鍛えましょう。

「下腹タイプ」は、腕や脚は細く、比較的やせているのに、下腹にだけ脂肪がついていたり、体重が標準からやや肥満ぎみで、下腹が出てしまっている人です。「二段腹タイプ」は、体重が標準からやや肥満ぎみで、下腹はあまり出ていないものの、お腹の脂肪がダブついている人です。下腹部に上腹部が重なって二段になっている状態で、お腹の脂肪が手の指でつまめてしまう方が多いはずです。

このふたつのタイプは、お腹前面の〝**腹直筋**〟**が衰えていることが原因**です。腹直筋を強化することは、すべてのお腹太りタイプ解消の基本になりますので、しっかりマスターしておきましょう。

鍛える筋肉とイメージの負荷

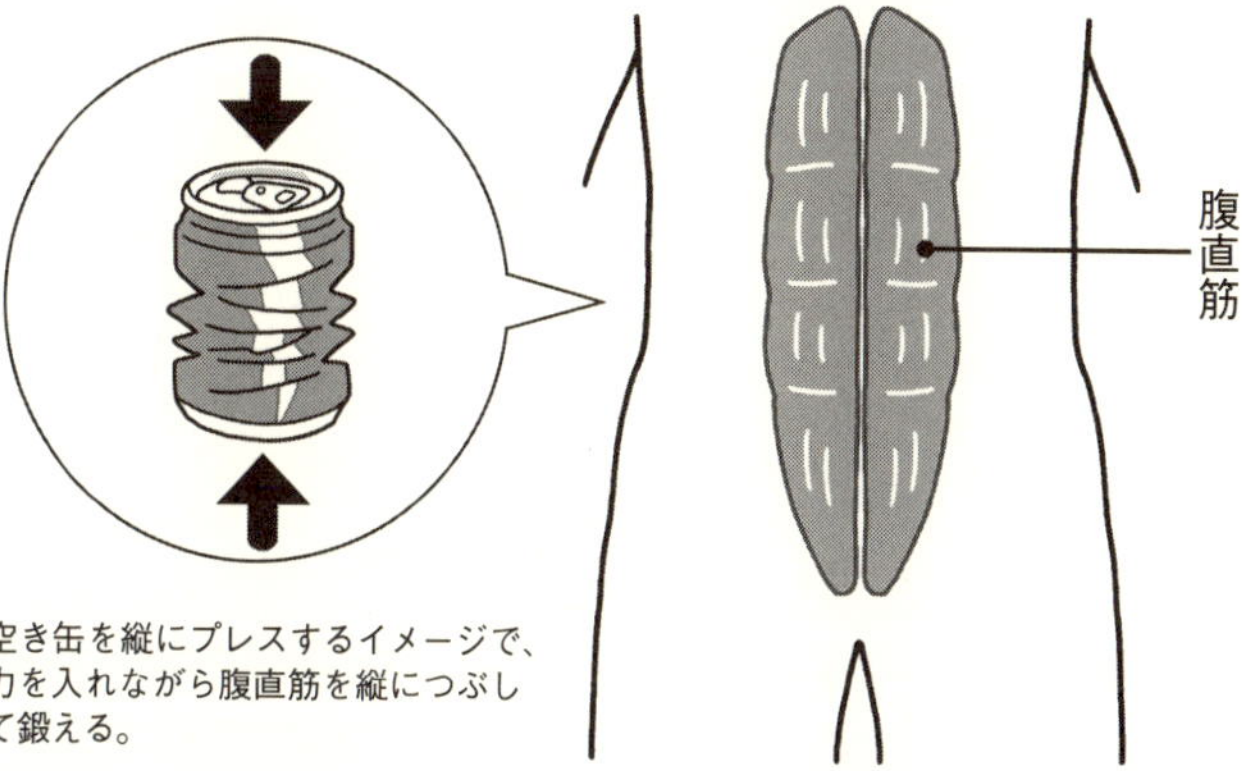

空き缶を縦にプレスするイメージで、力を入れながら腹直筋を縦につぶして鍛える。

まず、基本姿勢(P60参照)の状態から深く息を吸い込んで、お腹を凹ませます。

次に5秒間かけてゆっくりと息を吐きながら、腹直筋に力を入れてお腹をつぶしていきます。猫背になったり、腰を折り曲げてしまうと効果が小さくなります。

5秒間で息を吐ききった後は息を止めず、腹直筋をつぶした状態で、呼吸をしたまま5秒間静止します。そして、息を吸いながら基本姿勢に戻ります。

5秒腹筋は、呼吸と動きの連動が大切です。連動が難しい方は、はじめは自由に呼吸をしながら行い、慣れてきたら強く息を吐くようにしてみてください。

お腹を縦につぶしていく

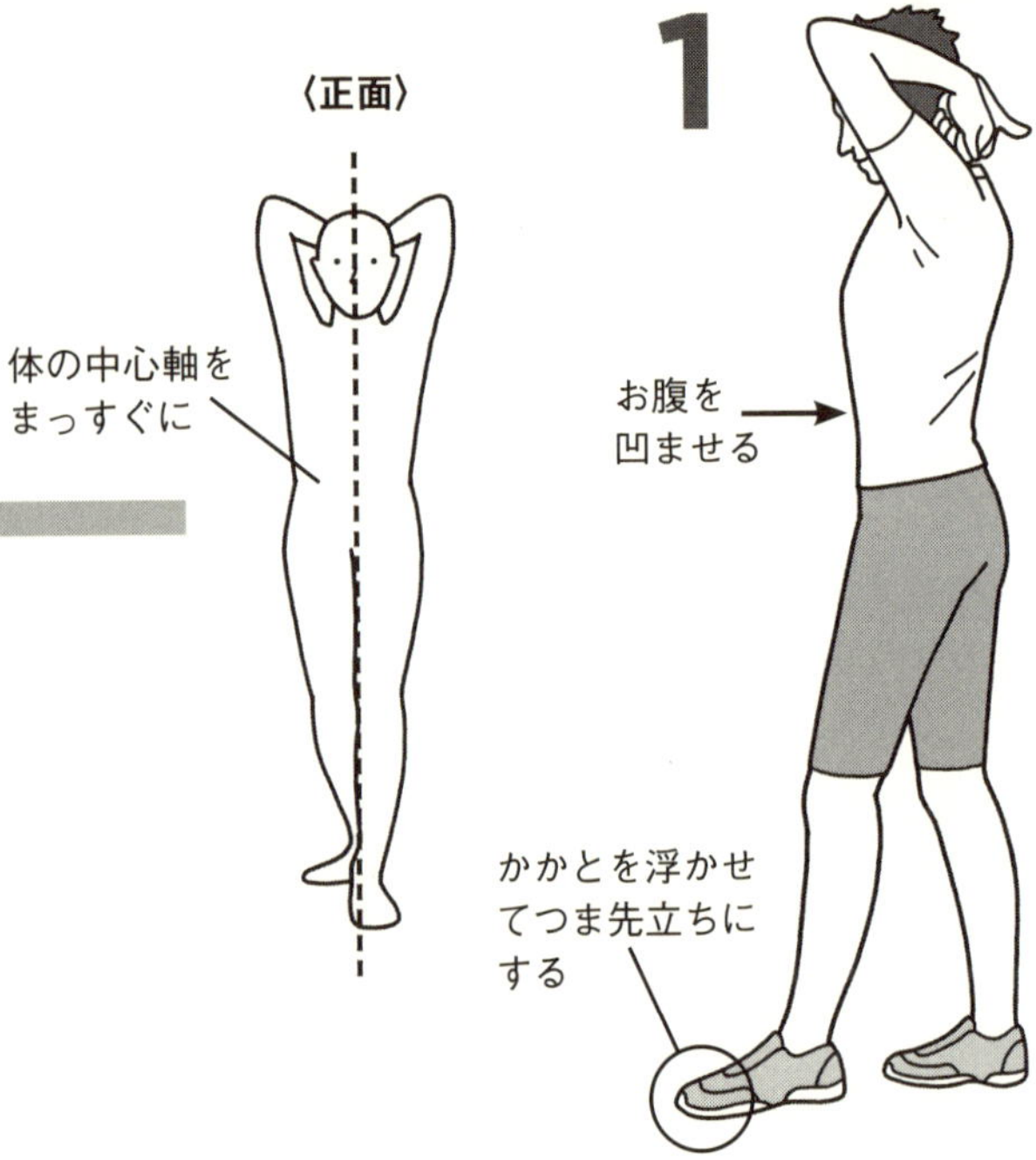
1
〈正面〉
体の中心軸を
まっすぐに
お腹を
凹ませる
かかとを浮かせ
てつま先立ちに
する

あごを少し引いて、目線は前に。体の中心軸がまっすぐになるように意識する。

60ページの基本姿勢をとり、鼻から深く息を吸い込んで、お腹をゆっくり凹ませる。

トレーニングの目安

10回×3セット

腹直筋を鍛える

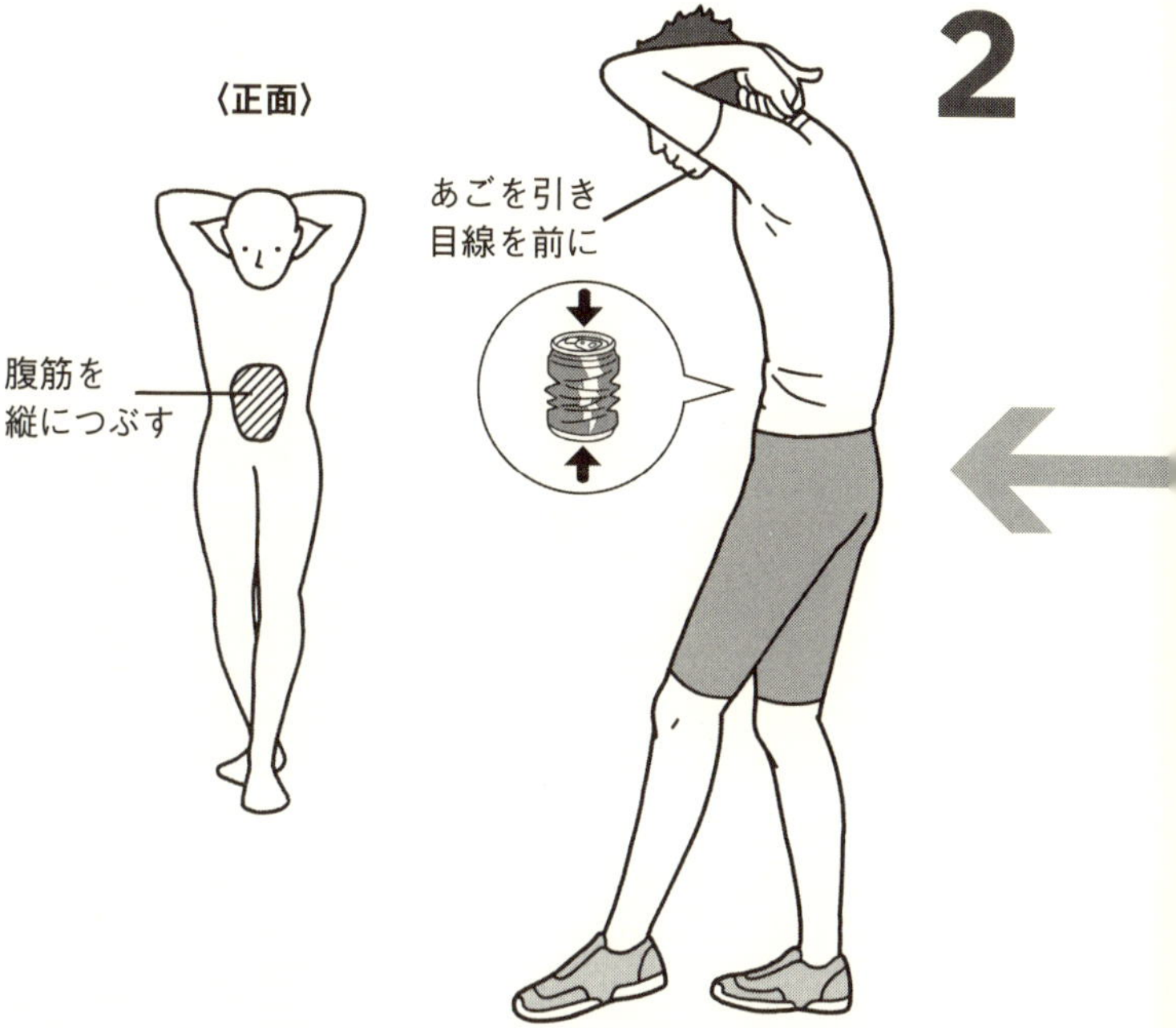

猫背やへっぴり腰では効果がうすくなる。両ひじの位置は耳より上をキープして、首だけでなく頭全体を固定する。

口から息を吐きながら、腹直筋に力を入れてお腹を5秒かけて縦につぶしていく。腹直筋をつぶした状態で5秒間静止し、呼吸をしながら基本姿勢に戻る。

5秒腹筋

わき腹たるみタイプのメニュー

腹斜筋が衰えていると、わき腹のたるみを招きます。雑巾をしぼるようなイメージで腹斜筋を鍛えればわき腹のたるみが解消されます。

下腹タイプや二段腹タイプとは違い、お腹の前面というより、わき腹に浮き輪のように脂肪がついてしまうのが「わき腹たるみタイプ」です。

わき腹たるみタイプは、**〝腹斜筋〟が衰えていることが原因**です。したがって腹斜筋を鍛えればお腹太りは解消されますが、日常生活であまり使わない筋肉なので、脂肪がつきやすいうえ、器具などでは鍛えるのが難しい部位です。

しかし、5秒腹筋なら、たるんだわき腹にもピンポイントで刺激を与えられます。

両手でこぶしを作り、首の後ろに添える基本姿勢は、腹直筋のやり方と同じです。

その際、凹ませたい腹斜筋側の脚を半歩ほど前に出します。

鍛える筋肉とイメージの負荷

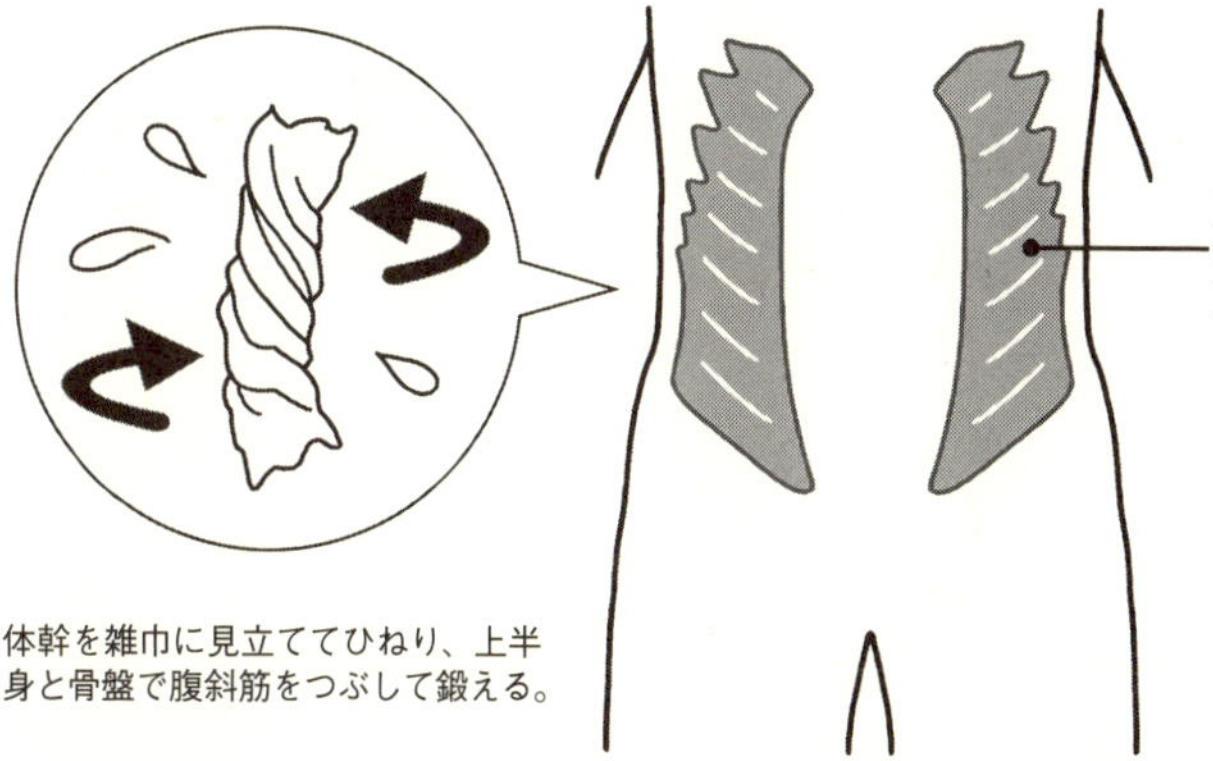

体幹を雑巾に見立ててひねり、上半身と骨盤で腹斜筋をつぶして鍛える。

左足を前に出している場合は、ゆっくり息を吐きながらわき腹を左側にねじります。左肩を左の骨盤に近づけるようにしてください。このとき、体幹を雑巾に見立て、基本姿勢から雑巾をしぼるようなイメージで腹斜筋をつぶしていきます。

5秒間で息を吐ききった後は息を止めず、腹斜筋をつぶした状態で、呼吸をしたまま5秒間静止します。そして、呼吸をしながら基本姿勢に戻ります。

腹斜筋をつぶす感覚がつかみにくい場合は、動作を覚えることから始めてください。動作を確認しながら行うことで、わき腹に力を入れるコツがつかめてきます。

わき腹を左右にひねる

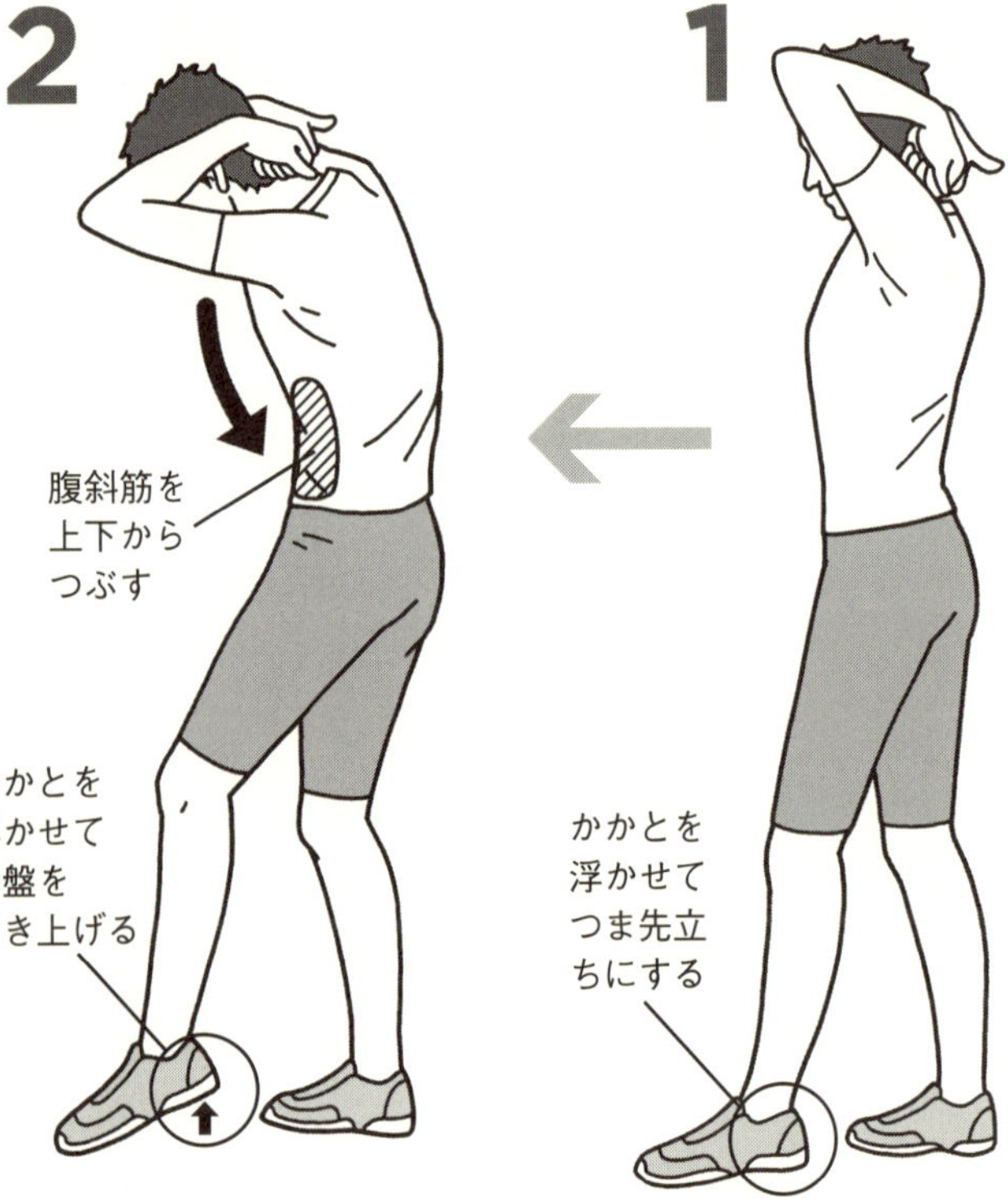
2
1
腹斜筋を
上下から
つぶす
かかとを
浮かせて
骨盤を
引き上げる
かかとを
浮かせて
つま先立
ちにする

1. 基本姿勢をとり、鼻から深く息を吸ってお腹を凹ませる。左側の腹斜筋をつぶすときは左足を前に出す。

2. 口からゆっくり息を吐きながらわき腹を左にねじる。腹斜筋を上下からつぶした状態で呼吸をしながら5秒間静止する。

トレーニングの目安

左右10回×3セット

腹斜筋を鍛える

NG例

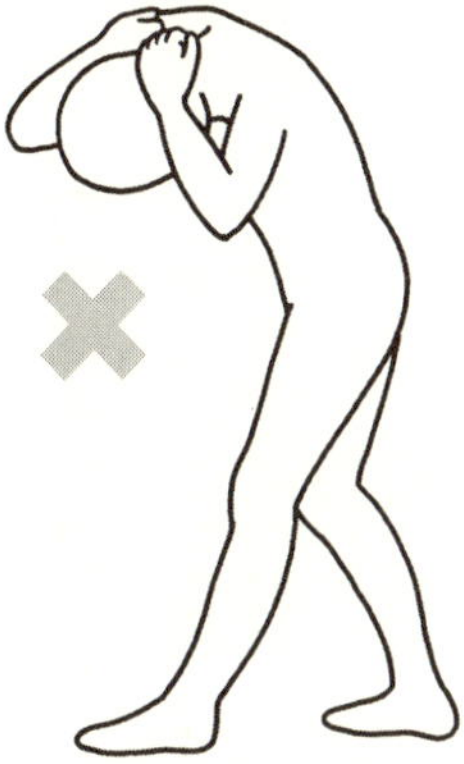

右上半身が覆いかぶさるような姿勢になると、わき腹を上下につぶすことができないので注意する。

左の骨盤を引き上げ、そこに左肩を近づけていく。5秒間静止した後、呼吸をしながら基本姿勢に戻る。

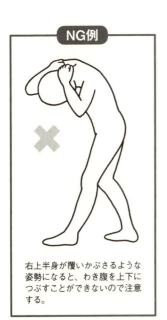

5秒腹筋

太鼓腹タイプのメニュー

〝腹横筋〟の衰えが、太鼓腹太りの原因です。全身でアーチを作り、腹横筋をアーチの支柱に見立てて、意識を集中させて行います。

腕や脚も太い典型的な肥満体型で、お腹の脂肪が手の指でつまめないほど厚く、お腹全体が大きくせり出しているのが、「太鼓腹タイプ」です。俗に「ビール腹」とも言われ、中年男性に多く見られます。

太鼓腹タイプのお腹太りは、**〝腹横筋〟の衰えと、内臓脂肪の過剰な蓄積が原因**として考えられます。内臓脂肪が蓄積しすぎると、糖尿病や高血圧症、脂質異常症といった生活習慣病を併発しやすくなります。生活習慣病は動脈硬化を進行させ、最悪の場合、心筋梗塞や脳梗塞など、取り返しのつかないことになりかねません。

そうならないためにも、腹横筋を強化してお腹を凹ませましょう。

鍛える筋肉とイメージの負荷

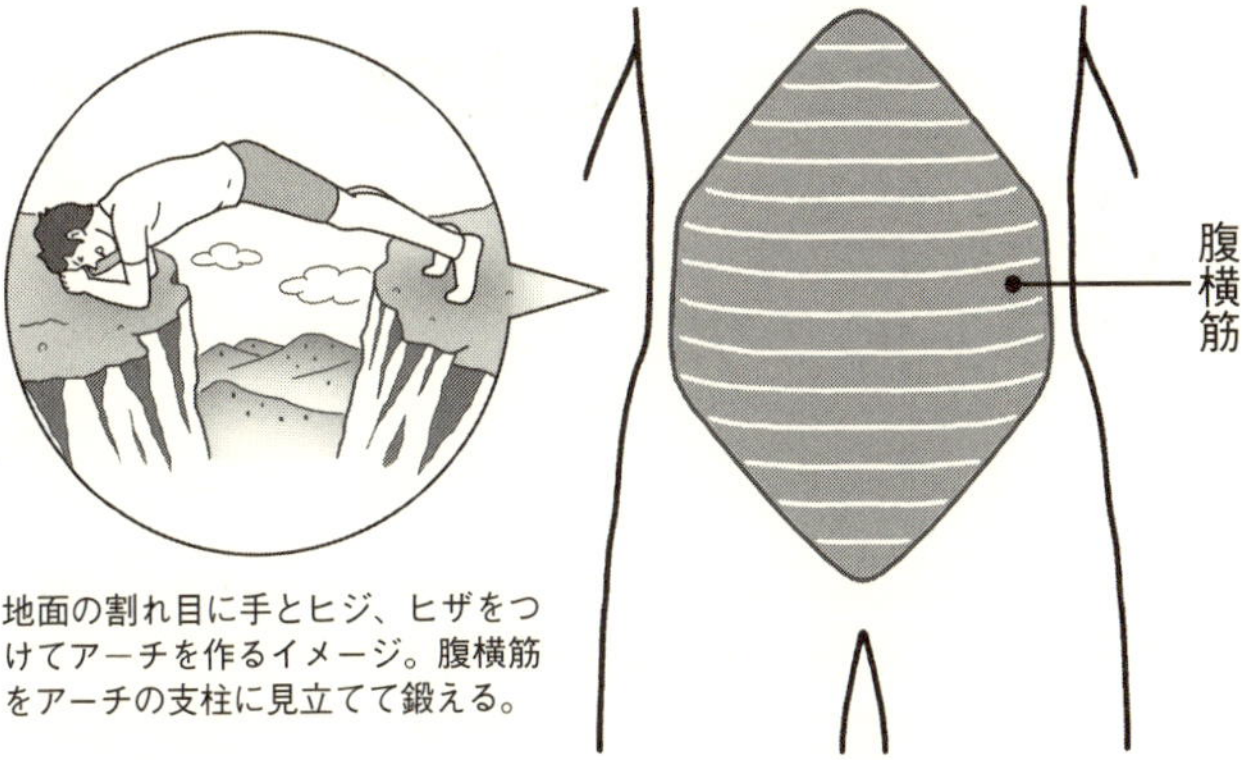

地面の割れ目に手とヒジ、ヒザをつけてアーチを作るイメージ。腹横筋をアーチの支柱に見立てて鍛える。

腹横筋を鍛える5秒腹筋は、腹直筋や腹斜筋のやり方とは違い、うつ伏せが基本姿勢になります。両ひじを床面につけ、両こぶしの上に頭を預けます。

手とひじ、それに両足のつま先を支えにして、5秒かけて腹部を床から浮かせます。このとき、地面の割れ目に、上半身と下半身でアーチを作って踏ん張るイメージで行いましょう。

もし、この姿勢が苦しい場合は、ひざを床につけたままでも構いません。腹横筋に力を入れたまま、呼吸をしながら5秒間静止し、基本姿勢（うつ伏せ）に戻ります。

全身でアーチを作る

基本姿勢

1

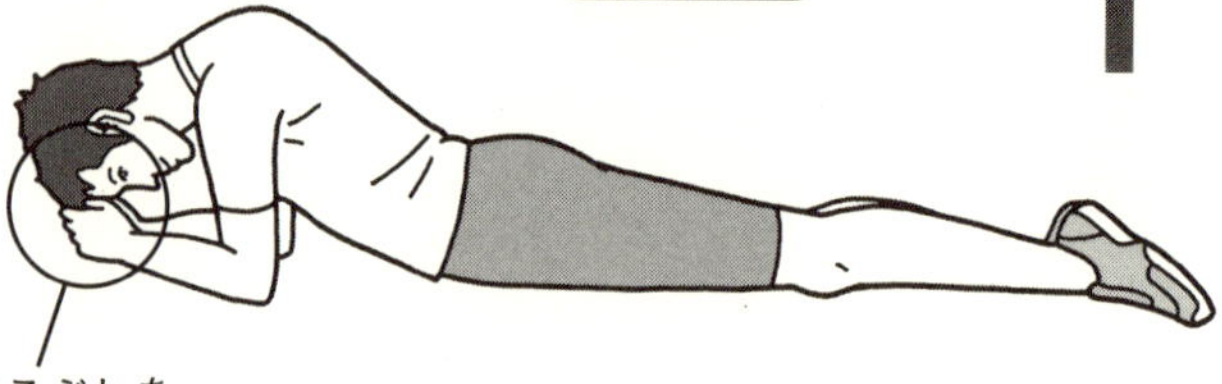
握りこぶしを
作り、その上に
頭を乗せる

基本姿勢はうつ伏せ。両ひじを床面につけ、両こぶしの上に頭を預ける。

2

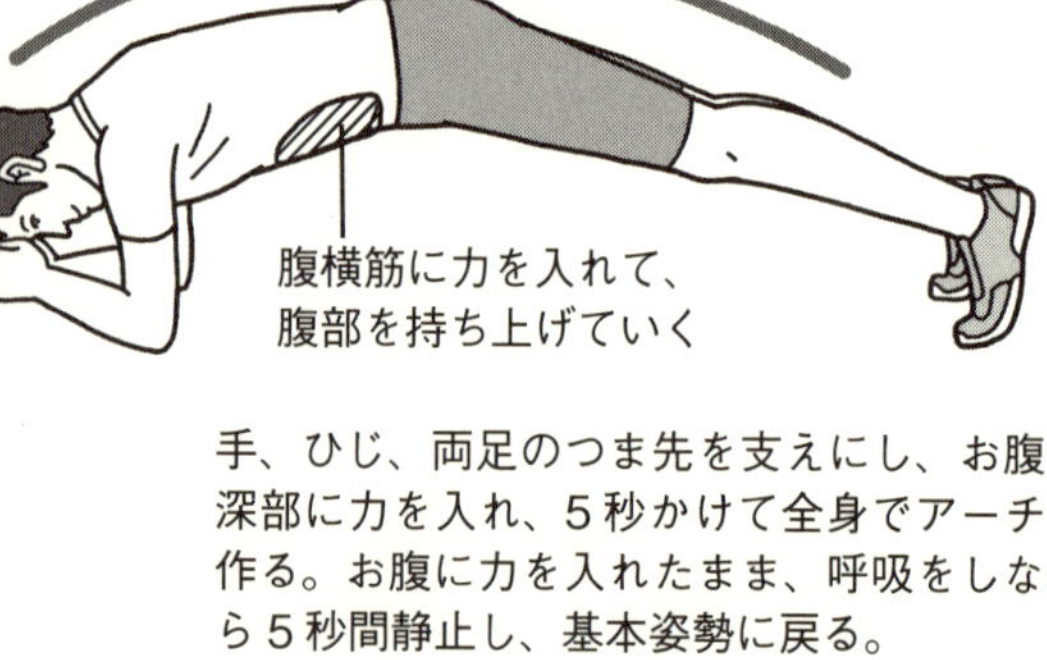
全身でアーチを作る
腹横筋に力を入れて、
腹部を持ち上げていく

手、ひじ、両足のつま先を支えにし、お腹の深部に力を入れ、５秒かけて全身でアーチを作る。お腹に力を入れたまま、呼吸をしながら５秒間静止し、基本姿勢に戻る。

トレーニングの目安

10回×3セット

腹横筋を鍛える

基本姿勢のバリエーション

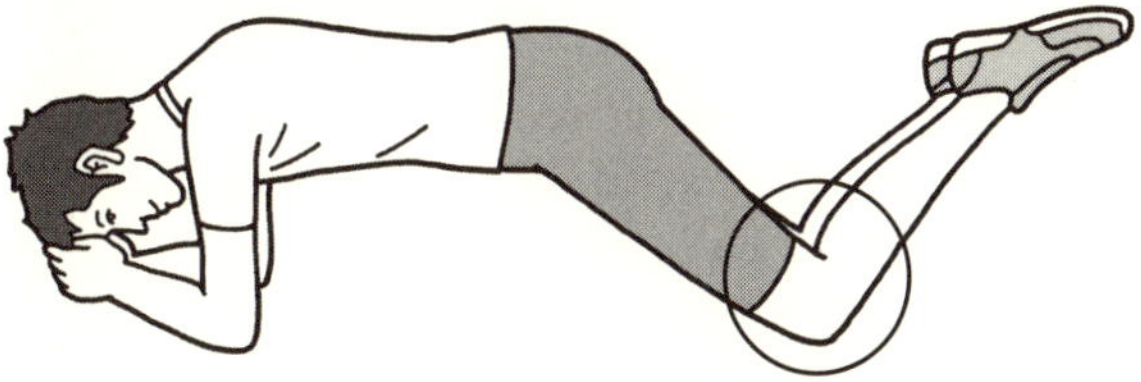

右ページのやり方がきつい場合は、ひざをついてもOK。お腹に力が入っていることを意識すること。

NG例

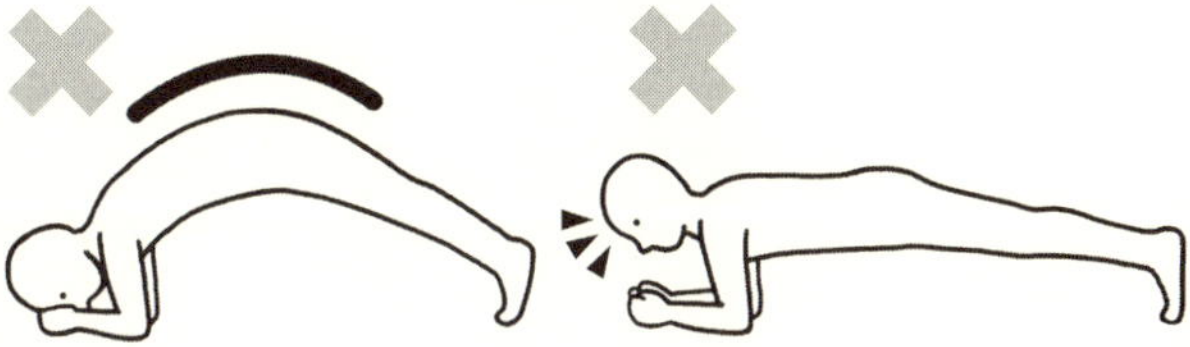

背中を丸めた姿勢や、頭を両手から離した姿勢では、腹横筋に効かない。

腸腰筋も鍛えると5秒腹筋の効果がさらにアップする！

ＰＡＲＴ１でも紹介しましたが、〝**腸腰筋**〟もお腹太りに密接に関わっています。腸腰筋が弱いと、姿勢が悪くなり、お腹周りに脂肪がつきやすくなります。また、姿勢が悪くなるため、腰痛にもつながりかねません。

これらのトラブルを避けるためにも、腸腰筋もできるだけ鍛えるようにしましょう。前ページまでで紹介した３タイプ別のお腹太りメニューにプラスして、腸腰筋を鍛えるメニューを行うと、５秒腹筋のお腹ヤセ効果がさらに高まります。

腸腰筋は、「つぶす」という感覚を持ちにくいのですが、太ももをぐっと引き上げる瞬間にもっとも収縮した状態になります。

ここで紹介するトレーニング以外にも、モデルウォークのように大股で歩くだけでも腸腰筋は刺激されます。

トレーニングの目安

10回×3セット

腸腰筋を鍛える

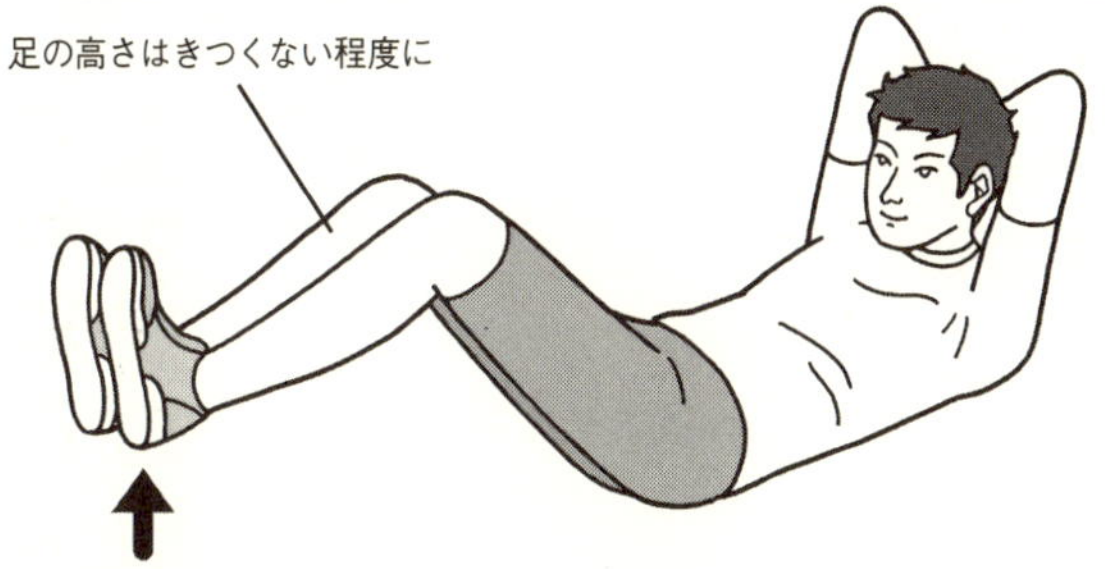

1

あお向けになり、上体は床につけたままで両足を少し上げる。組んだ両手で首を固定し、頭は少し浮かせておく。

2

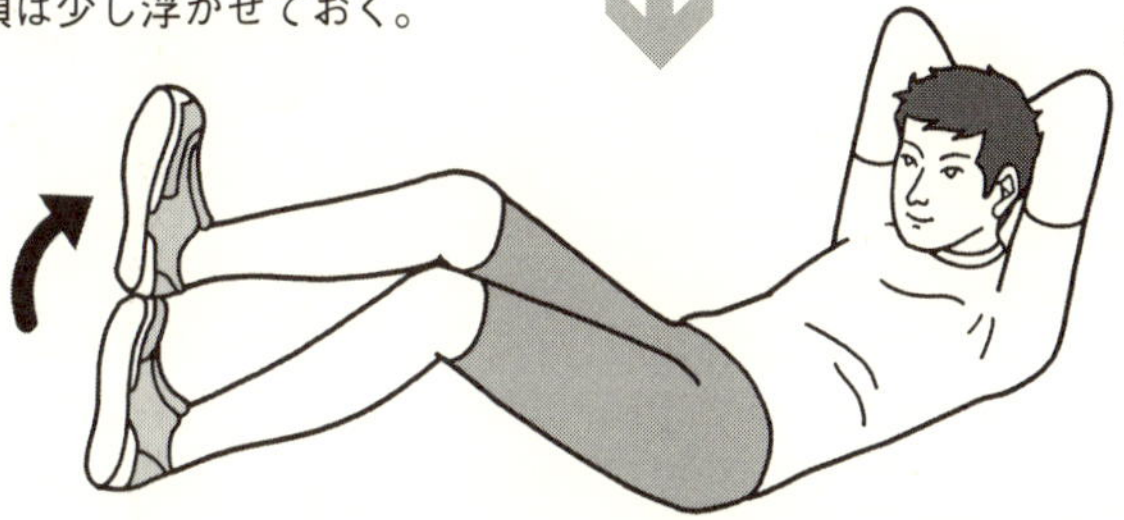

両足がそろった体勢から、上体はひねらず右足を左足の上に持ってくる。足先ではなく、股関節から足をゆっくり持ち上げる。

イメージ

お腹の上に熱湯が入った桶を載せるイメージ。熱湯をこぼさない意識で、上体をひねらずに足を入れ替える。

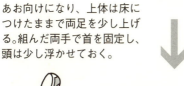

体験談❶

5秒腹筋の3週間トレーニングと食生活の改善でお腹周りがスッキリ

本田裕一 さん（仮名） 27歳 会社員

●身長 173.0㎝ ●体重 75.0kg
●腹囲 85.0㎝ ●BMI 25.1

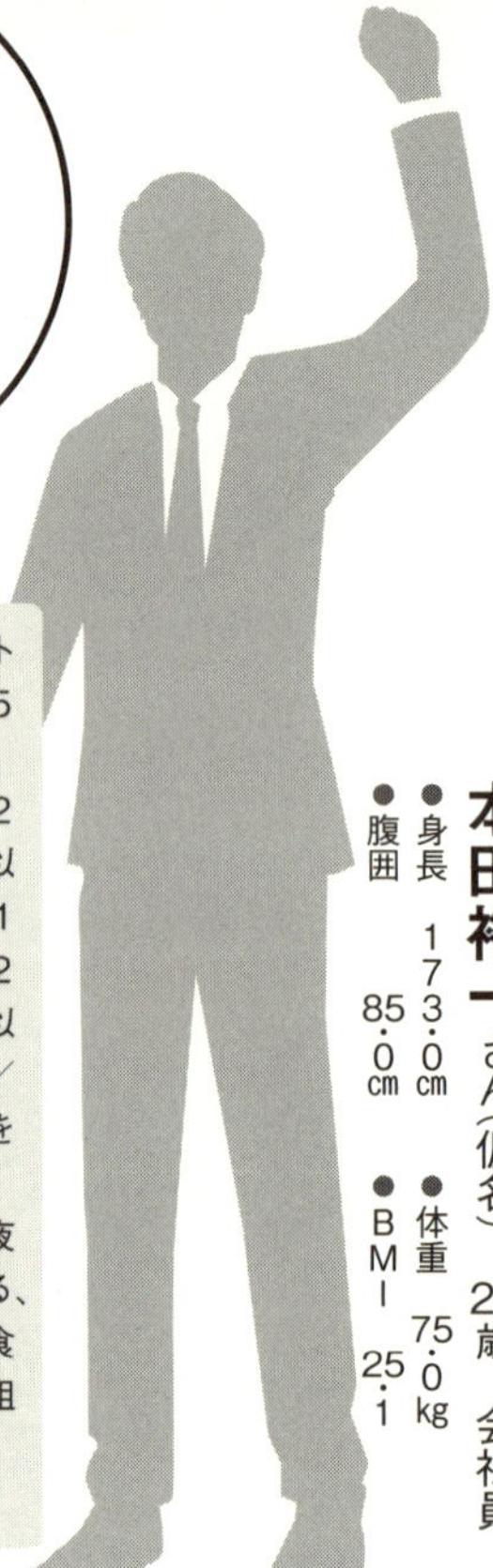

体重 -3kg
腹囲 -3cm

実践メニュー

腹直筋（5回×2セット／1日、10日目以降は5回×3セット／1日）、腹斜筋（左右5回×2セット／1日、10日目以降は5回×3セット／1日）、腹横筋（10回×2セット／1日、10日目以降は10回×3セット／1日）の基本メニューを実践。

そのほかに、夕食を夜9時までに食べ終える、お酒を控えるなどの食生活の改善にも取り組んだ。

BEFORE		AFTER
体重 75.0kg	→	体重 72.0kg
腹囲 85.0cm	→	腹囲 82.0cm

始めて10日目くらいから腹ヤセ効果を実感

3週間の5秒腹筋トレーニングは空いている時間に行ったので、それほど大変ではありませんでした。10日目くらいに「やせてきたんじゃない？」と言われるようになり、さらに頑張れるようになりましたね。夕食が夜9時以降になる場合は、枝豆300g（冷凍枝豆1パック分）だけにしたのが少しつらかったです。朝食はご飯かパスタに限定し、卵は油を使わない調理法で食べるようにしました。

松井先生の総評

食生活の改善で体内リズムが整うことで代謝もアップする

本田さんは、彼女のために自分から「やせる！」と宣言したことで、3kgの減量に成功し、お腹周りがかなりスッキリしました。夕食は枝豆ばかりではつらく、キャベツの千切りなどで変化をつけたそうですが、そういう工夫もOKです。お酒は利尿作用があるビールだけにしてもらいました。意識的に油分を避け、夜は量も控えると、朝食が自然とおいしく感じられます。また、体内のリズムが整うため、代謝も良くなります。

体験談 ❷

5秒腹筋トレーニングに加え食事と体重の徹底管理で驚異の結果に

内田光平さん（仮名） 36歳　会社員

●身長　179・0㎝　●体重　85・5㎏
●腹囲　95・0㎝　●BMI　26・7

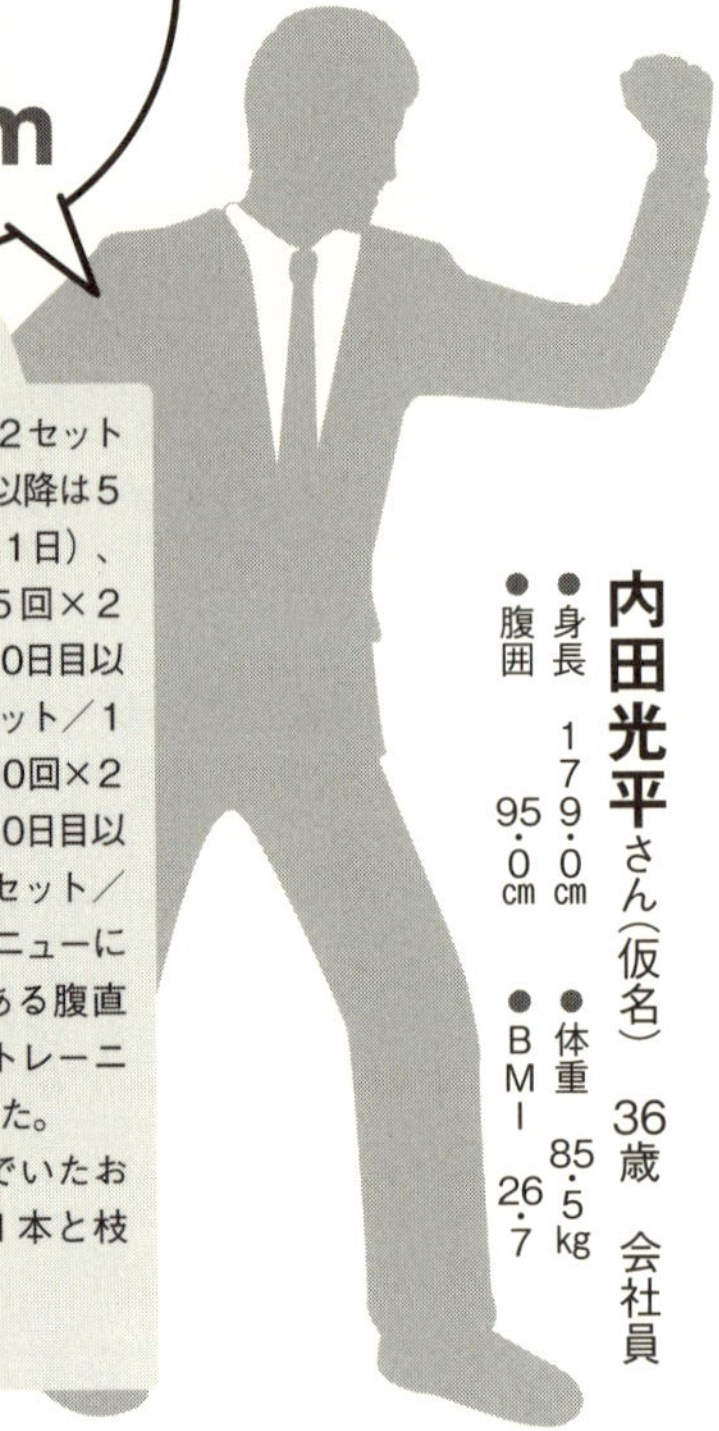

体重 -5kg
腹囲 -8cm

実践メニュー

腹直筋（5回×2セット／1日、10日目以降は5回×3セット／1日）、腹斜筋（左右5回×2セット／1日、10日目以降は5回×3セット／1日）、腹横筋（10回×2セット／1日、10日目以降は10回×3セット／1日）の基本メニューに加え、動きのある腹直筋と腹横筋のトレーニングも取り入れた。
ほぼ毎日飲んでいたお酒は、ビール1本と枝豆で我慢。

BEFORE

体重 **85.5kg**
腹囲 **95.0cm**

←

AFTER

体重 **80.5kg**
腹囲 **87.0cm**

腹直筋トレは通勤電車内で

運動嫌いの私にとってはややハードなメニューでしたが、少しずつ体重が減っていったのが励みになりました。腹直筋のトレーニングは、通勤電車の中で簡単にできるので長続きしました。定食ばかりだった昼食は、そば、うどん、刺身や焼き魚など、油分の少ないメニューに切り替え、お酒も大好きな泡盛からビールに切り替えです。今後はウォーキングも実践してみようと思います。

松井先生の総評

週1〜2回の割合なら〝ご褒美メニュー〟もOK

1ヶ月に2kgやせるのが標準ペースですが、内田さんは3週間で体重が5kg減、ウエストは8cm減りました。まさに努力の賜物《たまもの》です。食事のメニューと体重を毎日欠かさず記録していたことに意志の固さを感じました。今後も無理なく続けるうえで、週1〜2回の割合で好きなメニューを食べても問題ありません。また、「ウォーキングも実践したい」と思っているようですから、普段から腸腰筋を意識しながら歩いてみてください。

体験談 ❸

5秒腹筋と大胸筋強化メニューでたくましく引き締まった上半身に

近藤正明さん（仮名） 27歳 会社員

●身長 172.5㎝ ●体重 70.0㎏

●腹囲 80.0㎝ ●BMI 23.5

体重
-2.5kg
腹囲
-4cm

実践メニュー

腹直筋（10回×３セット／1日）、腹斜筋（左右10回×３セット／1日）、腹横筋（10回×2セット／1日）の基本メニューのほか、大胸筋を鍛えるトレーニング（10回×３セット／1日、P108参照）を行った。

BEFORE		AFTER
体重 70.0kg	←	体重 67.5kg
腹囲 80.0cm	←	腹囲 76.0cm

基本の腹直筋と腹斜筋の他大胸筋を鍛えボディメイク

もともとそれほど太っているとは感じていませんでしたが、より引き締まった体にしたいと思い、上半身の強化に取り組みました。毎日、朝と夜、鏡の前で歯磨きをしながらトレーニングを行ったところ、自分の体が日に日に変化しているのがわかり、モチベーションが上がりました。体重やウエストの変化は少しでしたが、ずいぶんと引き締まった気がします。これからも続けていこうと思います。

松井先生の総評

外見の変化が内面の自信に鏡の中の自分と対話する

たくましい胸板を作りたいという近藤さんには、5秒腹筋に加えて大胸筋を鍛えるメニュー（P108参照）にもトライしてもらいました。寝る前にトレーニングを行っていたことも、筋肉が超回復しやすいという点で効果的でした。また、近藤さんが良かったのは、毎日鏡で自分の姿を見ていた点。これは、ボディビルダーが鏡の前で練習し、自分の体と対話しているのと同じです。そうすることで自分の体が変化していく楽しさを実感できます。

「5秒腹筋」についての素朴な疑問Q&A

これまで「5秒腹筋」についての特長、やり方などを説明してきましたが、いざ実践してみると、いろいろと疑問点が出てくるでしょう。

とくに日頃から体を動かしていない運動不足の人は、筋肉に意識を向ける習慣がないため、最初は〝腹筋をつぶす〟感覚がつかめないかもしれません。でも、継続して行っているうちに必ずマスターできるようになります。

ここからは、私が運動指導している方々からよくされる質問、運動不足の中高年が抱きがちな疑問点をQ&A方式でまとめてお答えします。

時間や回数は多い方がいいのか、そもそも毎日やるべきなのか、どれくらいで効果が現れるのかなど、素朴な疑問を早めに解消することで実践のコツがつかめ、継続するモチベーションも高まってくるはずです。

5秒腹筋に関する疑問を解決して、お腹太りをスッキリ解消しましょう。

Q 腹筋をつぶす感覚をつかめません

A 「つぶす」ことにとらわれず、腹筋に意識を集中させましょう。

5秒腹筋は、お腹周りの筋肉を最大限に収縮（完全収縮）させることが目的です。しかし、日常的に運動をしていない人にはお腹を凹ますことさえ難しいもの。筋肉が完全収縮した状態を感覚的に理解するのが難しいのは当然でしょう。たとえば、英語を勉強してもすぐに話せるわけではないのと同じことです。

力こぶが盛り上がる上腕二頭筋は、小指の側面を自分の顔に向けるように手首をひねると、より盛り上がります。これが「筋肉をつぶす」状態ですので、このイメージを念頭に置きながら腹筋に応用してみましょう（P35参照）。

「つぶす」ということにとらわれず、まずは動かそうとしている腹筋に意識を集中させて、5秒腹筋を行ってください。これだけでも十分にお腹周りの脂肪は燃焼されていきます。

Q 時間や回数は多いほど効果的なのでしょうか？

A 5秒腹筋では、何十回も繰り返す反復運動は必要ありません。

5秒腹筋は、狙った筋肉をピンポイントで刺激するので、少ない回数で十分なトレーニング効果が得られます。

また、1回のトレーニングはたった5秒ですから、時間もかかりません。トレーニングのために時間を作る必要はなく、職場や自宅でのちょっとしたスキマ時間や通勤時間に気軽にできてしまうというのが最大の特長です。

回数よりも正しい姿勢（P60参照）で行うことが重要です。また、運動不足の人が最初からやりすぎると筋肉痛を起こすこともあります。

大切なのは正しい姿勢で1回1回を集中して行うことです。長く続けるためにも無理のない取り組み方をおすすめします。

Q 毎日行うべきですか？

A 毎日続けることで腹ヤセ効果はアップします。

一流のアスリートが行う本格的な筋力トレーニングでは、強い負荷をかけて破壊した筋肉を修復させる休息日が必要です。適切な休息を与えることで回復し、筋肉の総量はトレーニング前よりも増加します（「※超回復《ちょうかいふく》」という現象）。

普段あまり運動しない人が久しぶりにハードな運動をすると、翌日ぐらいから筋肉痛になると思いますが、それも筋肉が破壊された状態と言えます。

5秒腹筋はピンポイントで筋肉を鍛えますが、筋肉痛を起こすほどの負荷は与えません。だからこそ運動不足の中高年世代におすすめの筋トレメソッドなのです。

簡単なトレーニングですから、日常のスキマ時間を見つけて毎日こまめに行ってください。5秒腹筋は継続することで高い引き締め効果を発揮します。

※超回復＝筋力トレーニング後に24〜48時間くらいの休息をとることによって起こる現象で、休息の間に筋肉の総量がトレーニング前よりも増加することを言います。

Q 腹ヤセ効果を高めるコツはありますか？

A 基本姿勢で、腹筋を上下に伸ばした状態から行うのがコツです。

60ページで紹介した基本姿勢で行うことが重要です。基本姿勢をとることで腹筋が上下に大きく伸ばされるため、完全収縮させやすくなるのです。

また、５秒腹筋は、呼吸と動きを連動させることも重要です。強く息を吐くことで、腹筋をつぶす力が強まり、完全収縮できます。ただし、息を止めた状態で行わないように注意してください。

また、５秒腹筋をワンセット終えた後のインターバルにストレッチを行うのもおすすめです（Ｐ１１８参照）。筋肉をほぐすことでより一層完全収縮しやすくなり、鍛えた筋肉をリフレッシュさせて疲労を残さない効果も得られます。

Q 始めてどのくらいで効果が出ますか？

A 一人ひとりの条件が違うので、効果には個人差があります。

5秒腹筋によってお腹太りを解消した人の多くが、1週間前後でウエストが引き締まったなどの効果を実感しています。

ただ、筋肉量や基礎代謝量、生活習慣などは一人ひとり違いますから、同じように5秒腹筋をやっても、その効果には個人差があります。始めたその日にお腹が引き締まったと感じる人もいれば、1ヶ月経ってもあまり変化が見られない人もいます。

基本姿勢をマスターし、1回1回集中して取り組みながら、毎日続けることが早く効果を出すための近道です。

Q 呼吸はどうすればいいですか？

A 口から息を吐きながら腹筋をつぶしていきます。

5秒腹筋は、基本的に1回5秒の動作でできるトレーニングですが、呼吸と動きを連動させることがとても重要です。

まず、基本姿勢の状態から鼻からできるだけ深く息を吸い込み、お腹を凹ませます。そこから腹筋に力を入れ、口から息をゆっくり吐きながら腹筋をつぶしていきます。強く息を吐くことで、腹筋をつぶす力が強まり、完全収縮しやすくなります。そのためにも猫背や、腰を後ろに突き出したへっぴり腰では、トレーニング効果が小さくなってしまいます。背筋は常に伸ばすことを心がけてください。

ただし、息を止めた状態では、絶対に5秒腹筋を行わないようにしてください。呼吸との連動が難しい場合は、初めは自由に呼吸しながら5秒腹筋を行い、慣れてきたら、強く息を吐いて腹筋をつぶすといいでしょう。

5秒腹筋の正しい呼吸法

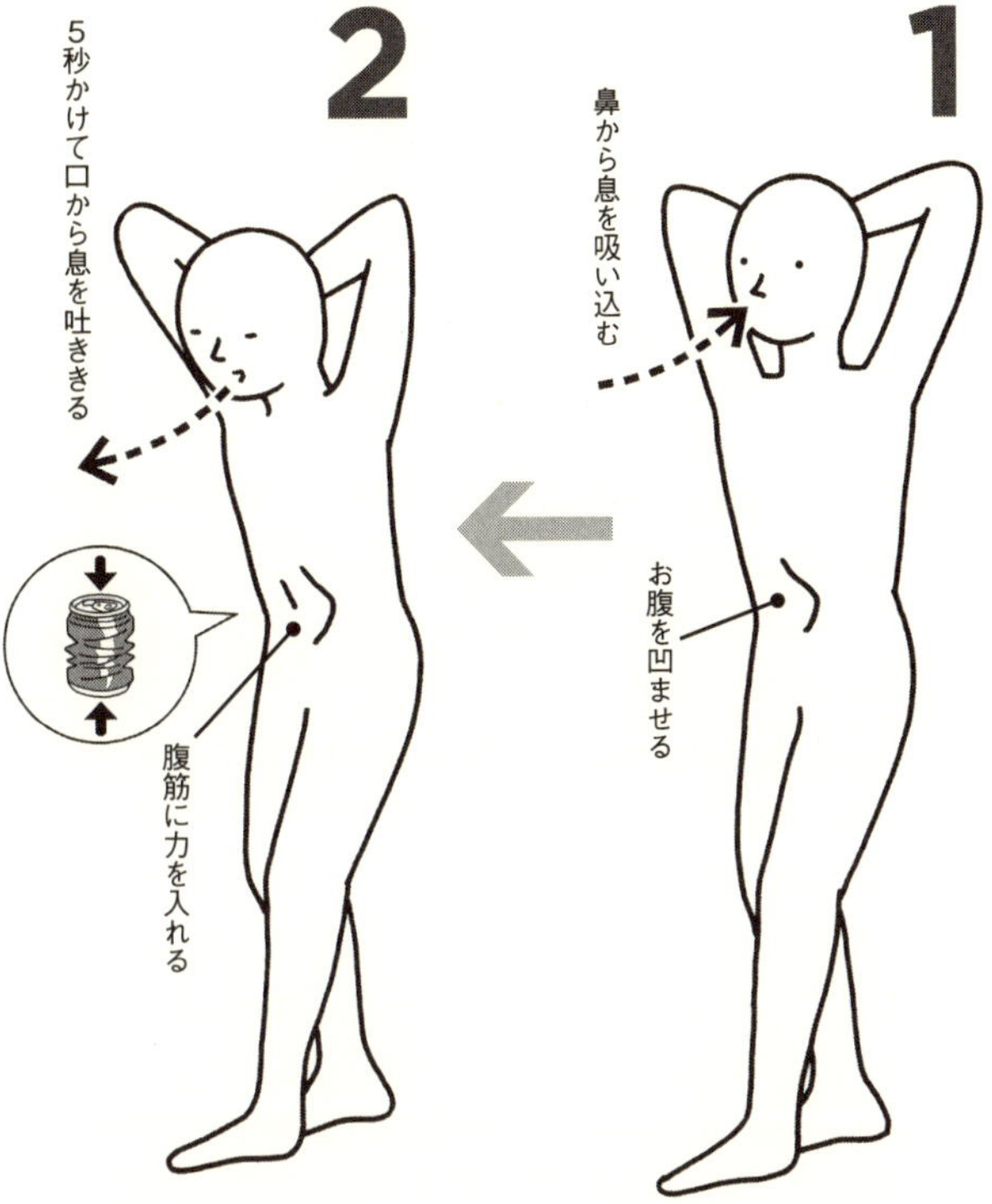

基本姿勢の状態で鼻から深く息を吸い込んで、お腹を凹ませる。

腹筋に力を入れながら、5秒かけてゆっくりと口から息を吐ききる。

COLUMN

体重だけではわからない!?
BMIで肥満度をチェックしよう

人間の体は、おもに水分、糖質、たんぱく質、ミネラル、脂肪でできています。この中の脂肪の割合が多すぎる状態を、医学的に「肥満」と言います。

ラグビーや陸上競技の投てき、格闘技などの一流の選手は、体重が重くても脂肪はそれほど多くありません。その場合、肥満とは言わないわけです。

ここで、皆さんの肥満度チェックをしてみましょう。肥満度は現在、身長と体重から計算されるBMI（Body Mass Index＝肥満指数）の数値で判定され、次のような式で計算できます。

BMI指数＝体重(kg)÷身長(m)÷身長(m)

この値が、18.5未満なら「低体重（やせ）」、18.5～25未満なら「普通体重」、それ以上なら「肥満」となり、25～30未満は「肥満（1度）」、30～35未満は「肥満（2度）」、35～40未満は「肥満（3度）」、40以上は「肥満（4度）」となります。

たとえば、身長172㎝、体重65kgの場合、BMIは22.0で、普通体重と言えます。BMI指数は「22」のときがもっとも病気になりにくいことがわかっています。体重の増減で一喜一憂するのではなく、BMI指数を肥満の参考指標として活用してください。

PART 3

スッキリ部分ヤセ!

筋肉をピンポイントで鍛える【目的別】引き締めメニュー

で鍛えれば部分ヤセもできる！

〝筋肉をつぶす〟感覚を身につければ
お腹以外の部分ヤセも可能です。
日常のスキマ時間を利用して行えば
通勤電車やオフィスがスポーツジムに！

筋肉をつぶしてピンポイント

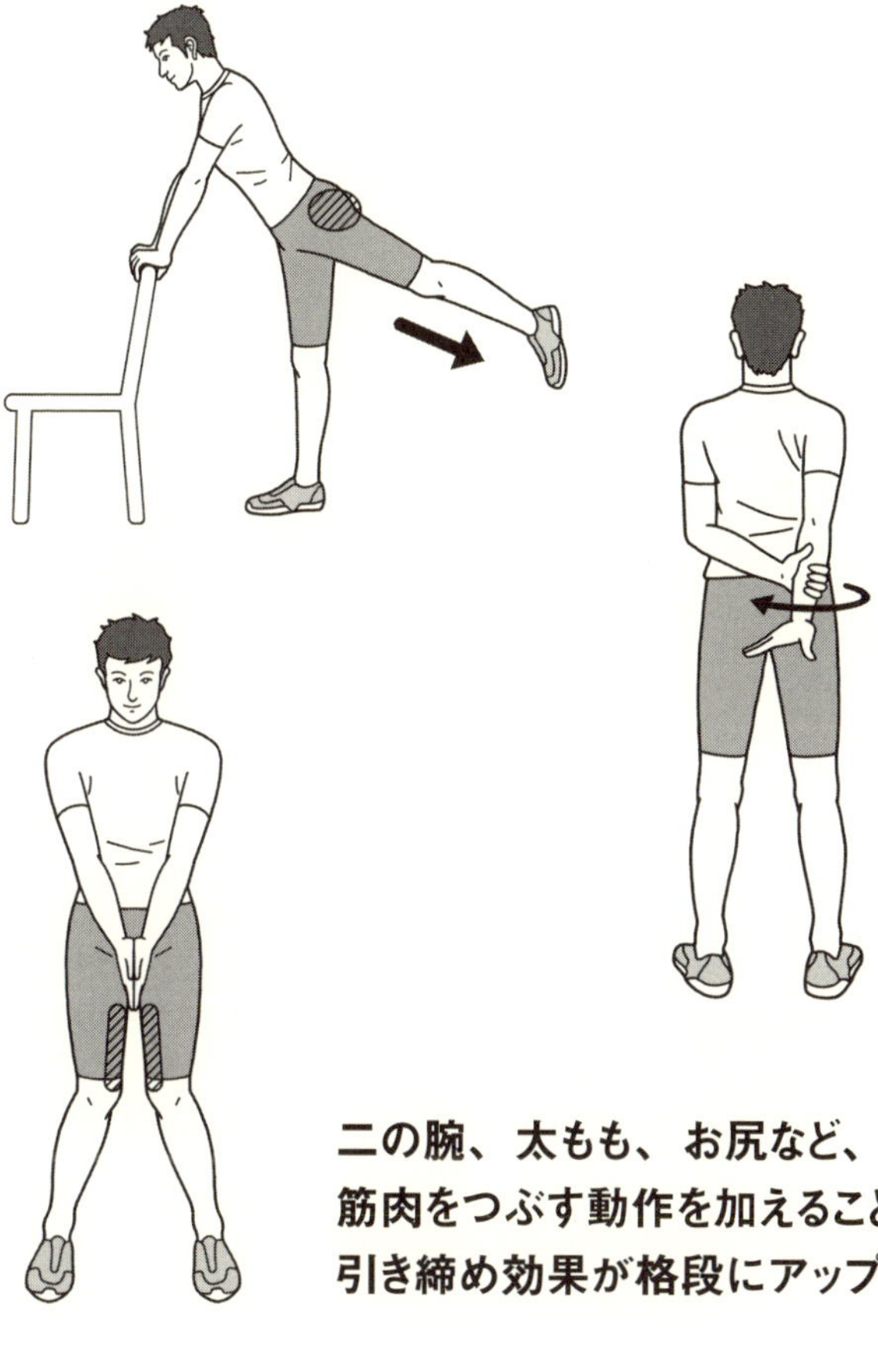

二の腕、太もも、お尻など、
筋肉をつぶす動作を加えることで
引き締め効果が格段にアップする!

筋肉をつぶす筋トレで効率よく部分ヤセできる！

PART2では、お腹周りの筋肉をつぶして鍛え、引き締める「5秒腹筋」トレーニングを紹介しました。筋肉をつぶして鍛えるトレーニングメソッドは、お腹以外の部位の引き締めにも効果を発揮します。むしろ、筋肉をつぶす動作を加えることでピンポイントで鍛えることができるため、部分ヤセにぴったりのトレーニング法なのです。

加齢とともにお腹太りだけでなく、太もも太りやお尻の垂れ下がり、二の腕のたるみ等に悩んでいる方も多いのではないでしょうか。それらの部位には皮下脂肪がつきやすく、とくに女性は女性ホルモンの影響で、男性以上に皮下脂肪がついてしまいがちです。

私はパーソナルトレーナーとしての長年の指導経験から、**脂肪は、トレーニングで刺激している筋肉の近くにあるものから優先的に燃える**と考えています。実際、私が運動指導を行っていた方々には、皮下脂肪の近くにある筋肉を鍛えることで、部分ヤセに成功された人がたくさんいらっしゃいます。

この章では、筋肉をつぶして鍛える「5秒腹筋」のメソッドを活用した部分ヤセトレーニングを紹介します。ＰＡＲＴ２で紹介した「5秒腹筋」トレーニングと合わせて行えば、引き締め効果と即効性が格段にアップするでしょう。

「イメージの負荷」で脳と筋肉をつなげて効果をアップ！

あなたは筋力トレーニングをする際、時間や回数ばかりを気にしていませんか。ただ漠然と体を動かしているだけでは十分なトレーニング効果は得られません。

筋肉は、自分の意志で動かせる「**随意筋**《ずいいきん》」と、自分の意志では動かせない「**不随**《ふずい》**意筋**《いきん》」とに分けられます。心臓周辺や内臓の筋肉以外のほとんどは随意筋で、筋力トレーニングで鍛えることができます。

随意筋は脳からつながっている「運動神経」によってコントロールされているた

め、トレーニングでは刺激している筋肉に意識を集中させることで、短い時間や少ない回数でも効果的に鍛えることができるのです。

日常的に筋力トレーニングを行っている人が、よく「筋肉に話しかけるように」とか「筋肉と対話しながら」などと言っているのは、脳と筋肉の回路をつなげ、狙った部位をピンポイントで刺激しようという目的からです。ボディビルダーが胸の筋肉をピクピク動かせるのは、脳と胸の筋肉が神経ネットワークでつながり、意識的に動かせるようになった成果と言えます。

また、筋力トレーニングでは「想像力」も大切です。「5秒腹筋」トレーニングを行う際も、空き缶を縦につぶしたり、雑巾をしぼるのを想像して行ったように、部分ヤセトレーニングでも「イメージの負荷」を作ります。イメージの負荷を作ることで、ダンベルなどの器具を使わずに大きな負荷をかけることができ、部分ヤセ効果はより高まります。

＊

102ページからの目的別・部分ヤセトレーニングでは「イメージの負荷」を作

るコツを具体的に紹介しています。イメージしながら、筋肉をつぶしてピンポイントで鍛え、理想的なボディメイクを目指してください！

目的別・部分ヤセトレーニング

- メニュー1　太りにくい体をつくる
- メニュー2　体幹を強化する
- メニュー3　たくましい胸板をつくる
- メニュー4　下半身をスッキリ引き締める
- メニュー5　肩こりを予防・解消する
- メニュー6　四十肩、五十肩を解消する
- メニュー7　腰痛を予防・解消する

目的別メニュー

太りにくい体を作るメニュー

腹筋のほかに、腕、太もも、お尻など、バランスよく鍛えることで全体的に引き締まり、太りにくい体になります。

太りにくい体を作るには、ＰＡＲＴ２で紹介した「５秒腹筋」で腹筋を鍛えることに加え、ここで紹介する〝**腕、太もも、お尻**〟のトレーニングを行いましょう。

全体的にスリムになろうと思ったら、各部位の筋肉をひとつずつ鍛える必要があります。全体にバランスよく筋肉がつくことで基礎代謝も上がりますから、体もたるみませんし、見た目にも若返ります。

その後、さらに筋肉の形を整えていけば、いわゆる〝細マッチョ〟やモデル体型に近づくことも可能です。

上腕三頭筋を引き締める

鍛える部位

上腕三頭筋

目安

**左右10回
×3セット**

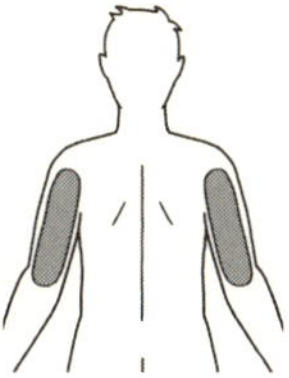

両手を後ろに回し、左手で右腕の手首をつかむ。右ひじを伸ばしながら外に払い、左手で内側に引っ張って力を拮抗《きっこう》させる。最後に右手を回外《かいがい》(手首を外側に回す)させ、5秒間静止する。逆の手も同様に。

イメージ

手の回外は、後ろ手でグレープフルーツを搾り器でゆっくり搾るイメージで。

回外するとき、その腕が肩とともに下に下がるのはNG。腕を外に払う意識を心がける。

大腿四頭筋を引き締める

イメージ
スキーで両足をそろえて滑るパラレルのイメージでリズミカルに。

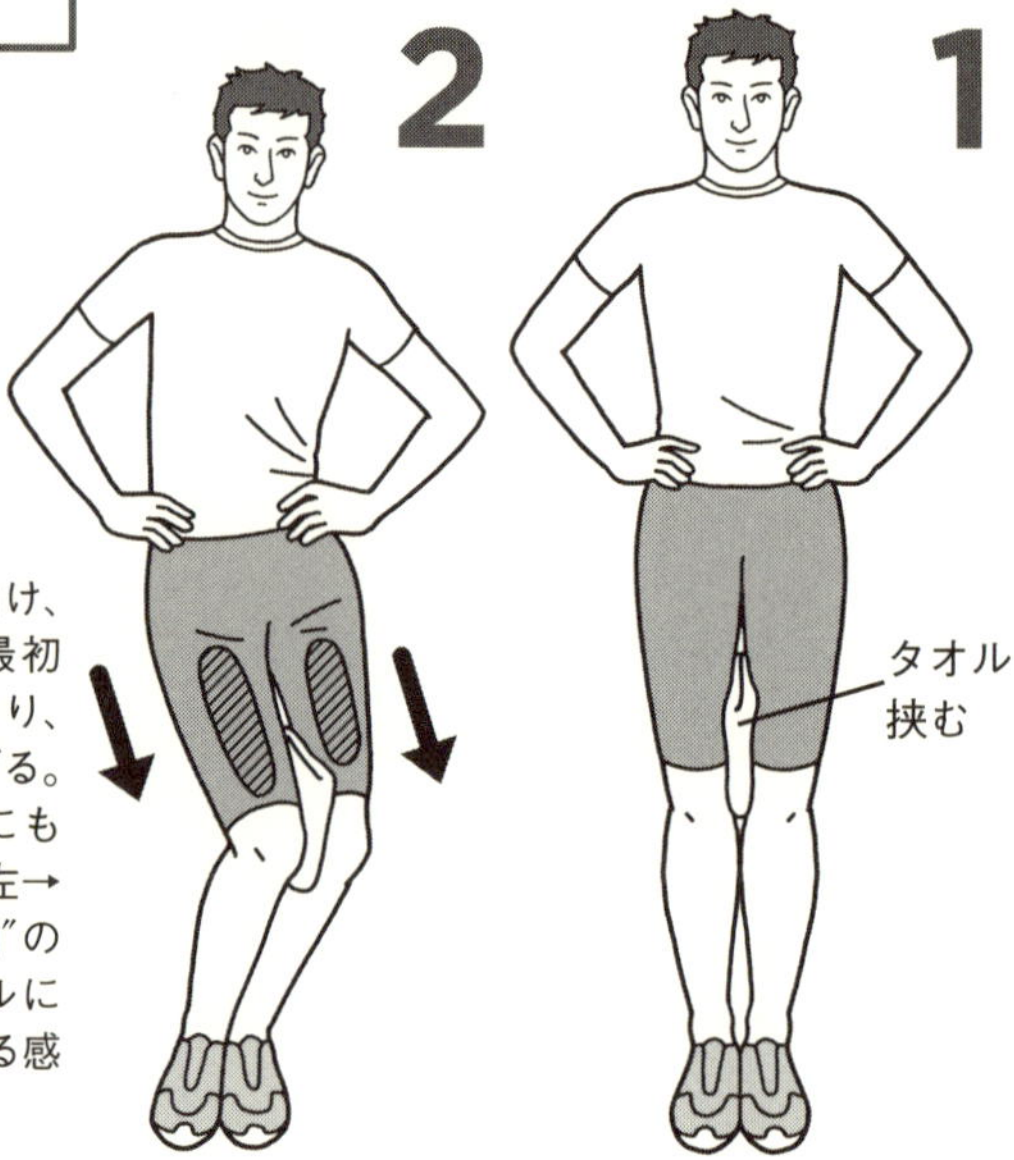
2
1
タオルを挟む

両ひざを左に向け、軽く曲げる。最初のポーズに戻り、前にひざを曲げる。同様に右方向にも行う。"正面→左→正面→右→正面"の順でリズミカルにスクワットをする感じで。

正面を向き、両手を腰に当て、ひざより少し上の内ももにフェイスタオルを挟んで立つ。

鍛える部位

大腿四頭筋

目安

30秒
×3セット

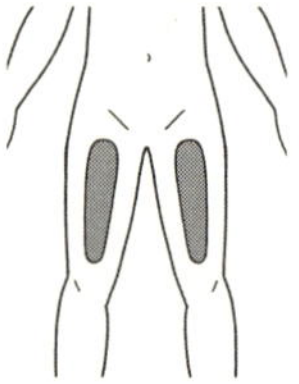

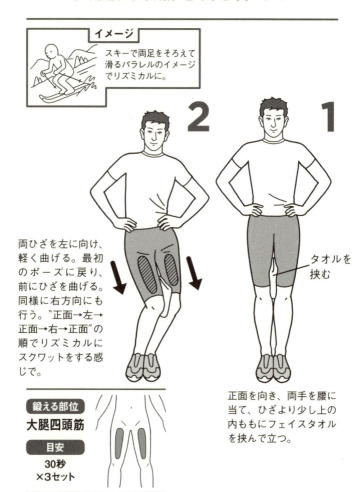

大殿筋を引き締める

イメージ

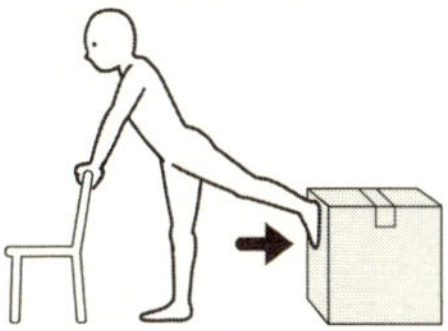

足の裏を、重い荷物の入ったダンボール箱にピタッとつけ、後方に押しやるイメージ。

イスなどにつかまり、前傾姿勢になりながら片足を軽く上げた状態で立つ。

3～5秒かけて脚を後ろに伸ばし、その脚のつま先を外側にひねって5秒間キープ。同じ時間をかけて最初のポーズに戻す。逆の脚も同様に行う。

鍛える部位

大殿筋

目安

左右5回
×3セット

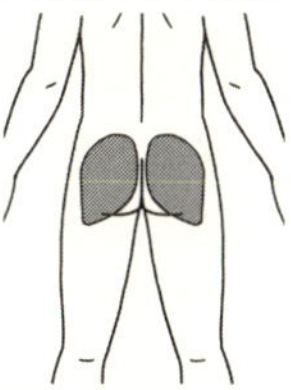

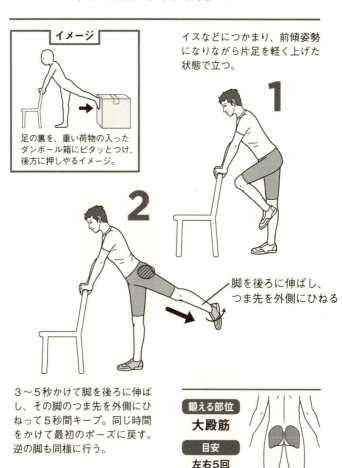

目的別
メニュー

体幹を強化するメニュー

お腹の内部をコルセットのように覆っている腹横筋。四つんばいの状態から対角線上の手脚を伸ばすことで体幹が鍛えられます。

体幹とは文字通り、体の幹のこと。胸や腹、背中、お尻などの胴体部分を指します。

体幹を鍛えて強くすると、体の軸がしっかりするため、まず姿勢が良くなり、それにともなって腰痛や肩こりも改善されます。腕や脚の動きもスムーズになって、スポーツに取り組んでいる方は、無駄な動きが減ってパフォーマンスも上がるでしょう。

体幹にはたくさんの筋肉がありますが、今回は「5秒腹筋」でも紹介した〝**腹横筋**〟のアレンジメニューを紹介します。

鍛える部位

腹横筋

目安

左右10回×3セット

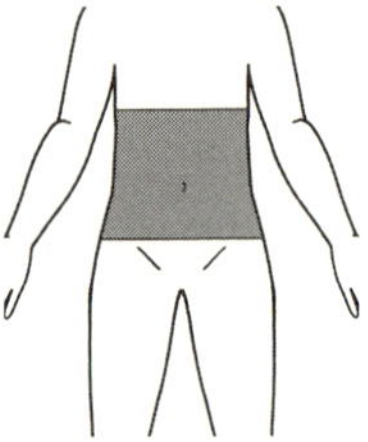

腹横筋を鍛える

1

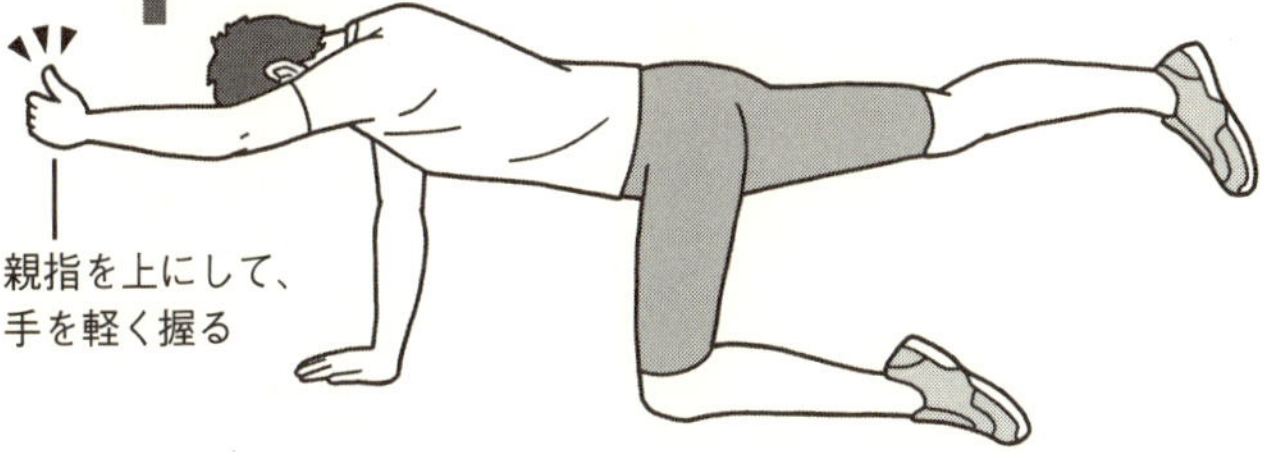

四つんばいから対角線上の手足を伸ばす。左腕と右脚、または右腕と左脚がセット。

※動きを加えることで、腹横筋の収縮範囲がアップする。

2

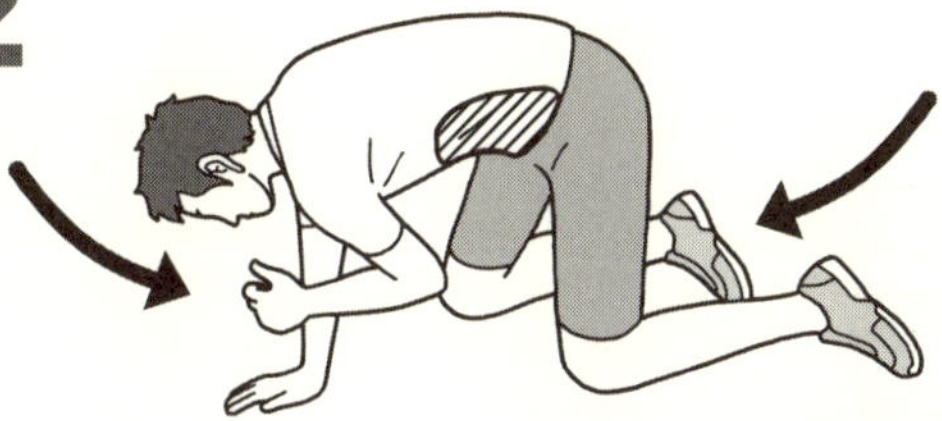

伸ばした腕と脚を曲げ、ひじとひざを合わせて5秒間静止する。

目的別メニュー

たくましい胸板を作るメニュー

胸でペンをつぶすようなイメージで大胸筋を鍛えます。女性はバストアップ効果が期待できるトレーニングです。

大胸筋は、胸の全面を覆っている大きな筋肉で、上腕の運動や呼吸運動に関わっています。
大胸筋をピンポイントで鍛えると、男性は胸板の厚い、たくましい体つきになり、女性は加齢とともに進むバストの垂れ下がりを防止でき、バストアップにつながります。
114ページで紹介する「四十肩・五十肩予防」のトレーニングも合わせて行うことをおすすめします。

鍛える部位
大胸筋
目安
10回×3セット

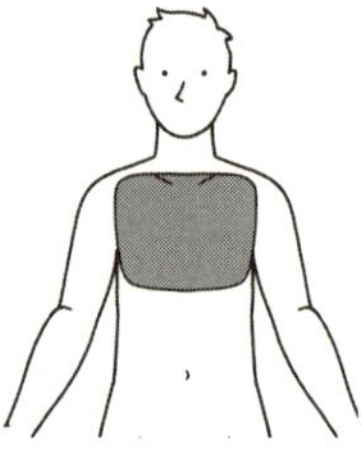

大胸筋を引き締める

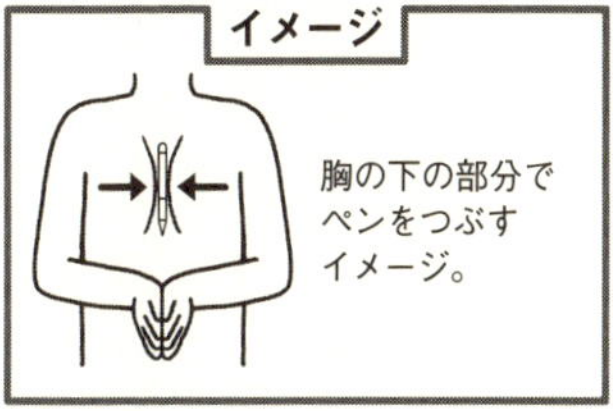
イメージ
胸の下の部分で
ペンをつぶす
イメージ。

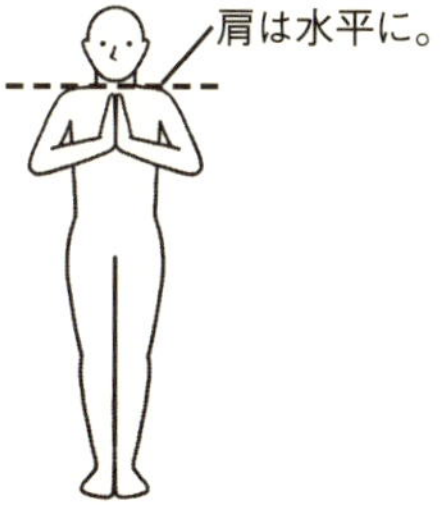
肩は水平に。

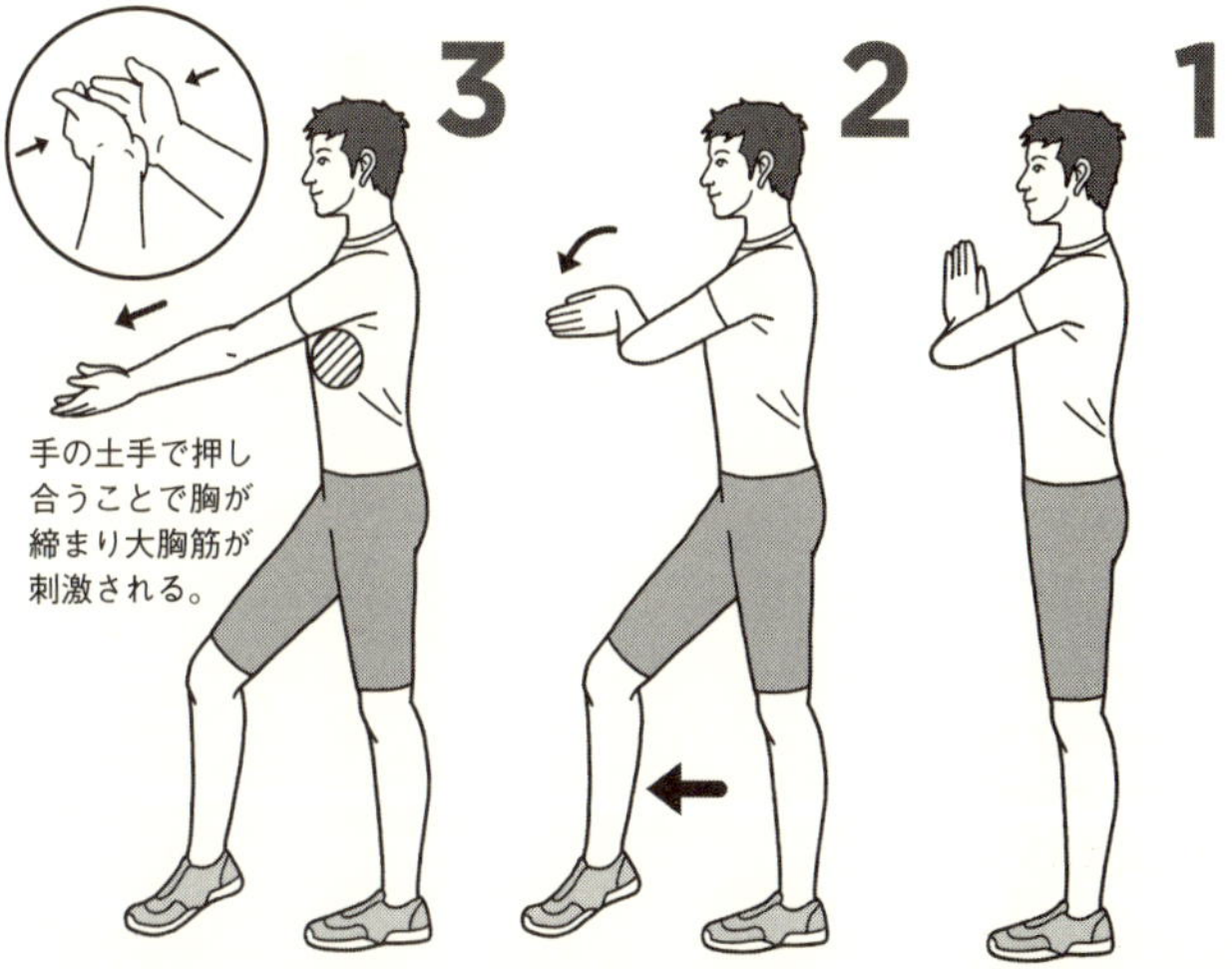
3
2
1
手の土手で押し
合うことで胸が
締まり大胸筋が
刺激される。

直立した状態で両手を胸の前で合掌させ、手のひらに力を入れて押し合う。

一方の足のつま先を一歩前に出しながら、合掌した手を前に倒す。大胸筋に意識を集中させ、前のめりにならないこと。

両腕を斜め下に伸ばし、徐々に手を開く。腕を伸ばした状態で5秒間静止。呼吸しながら最初のポーズに戻す。

目的別メニュー

下半身をスッキリ引き締めるメニュー

両手を合わせた指先と、両ひざの3点で三角形を作り、内ももで挟んだスイカを割るイメージで行います。

中年太りは、お腹周りだけでなく、下半身太りも気になるところ。とくに女性は、誰もがスラリとした美脚にあこがれを持っているはずです。

下半身をスッキリ引き締めるポイントとなるのは、太ももの内側にある〝**内転筋**〟です。この筋肉を鍛えて、バランスの良い美脚を手に入れましょう。

両ひざを内側に寄せるとき、太ももでスイカを抱え込んで割るイメージで、ひざをしぼってみてください。

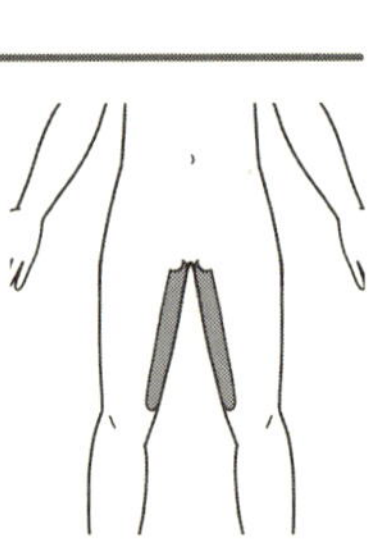

鍛える部位

内転筋

目安

10回×3セット

内転筋を引き締める

イメージ

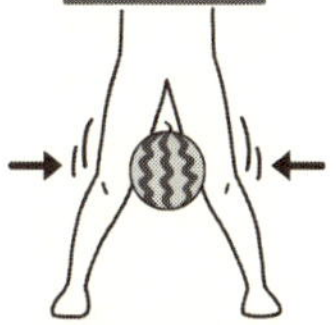

内ももを内側にしぼり込み、太ももの間で抱えたスイカを割るようなイメージ。

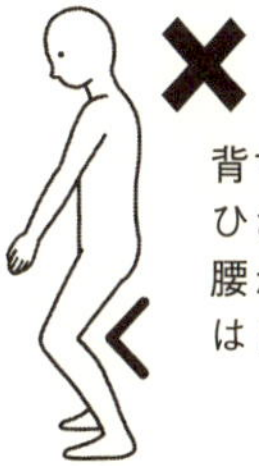

背すじはまっすぐに。ひざを曲げすぎたり、腰が引けている体勢はNG。

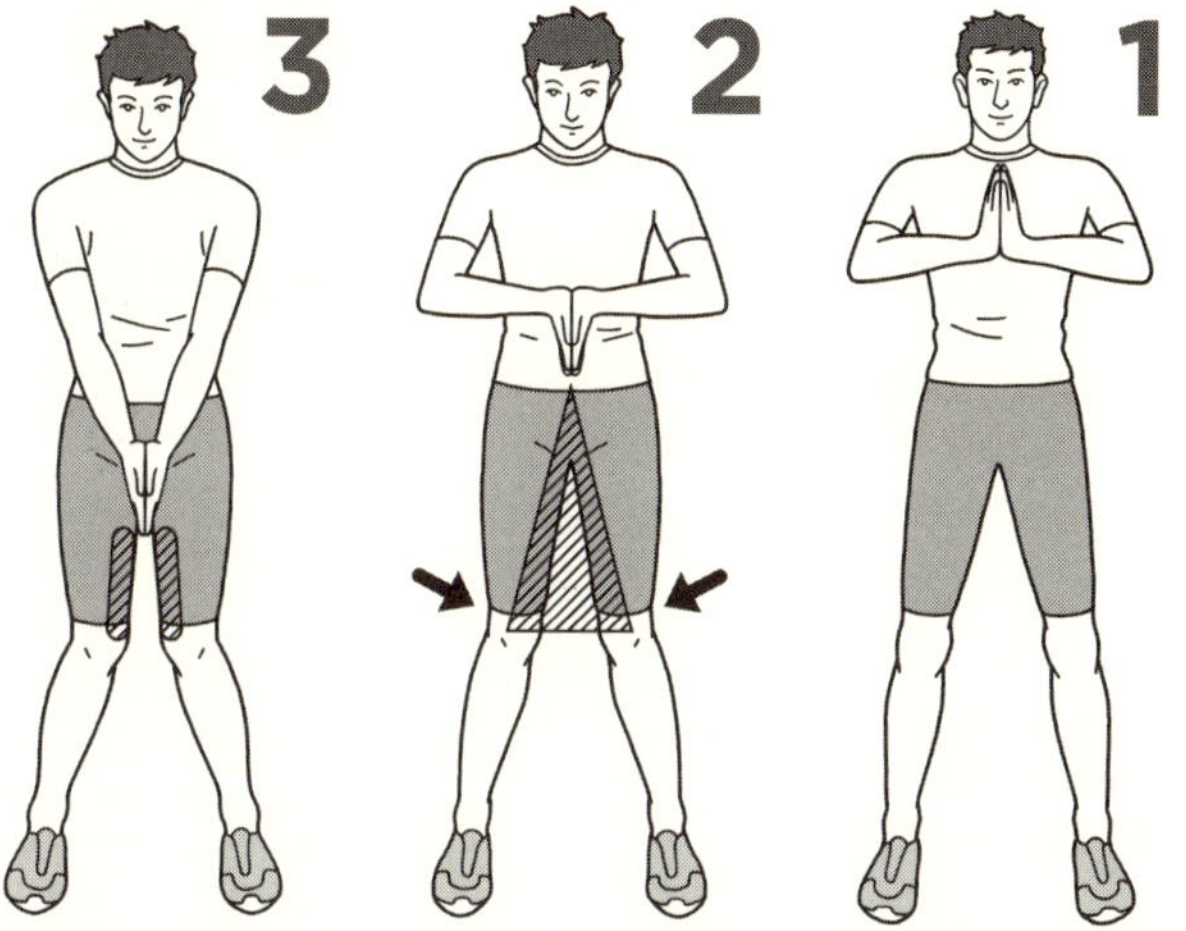

1 両足を肩幅ぐらいに広げ、両手を胸の前で軽く合わせる。

2 合わせた両手を下に向け、ひざを徐々に内側にしぼる。指先、左右のひざの3点で三角形を作り、5秒間かけて狭めていく。

3 三角形の面積をさらに小さくするように内ももを内側にしぼり、そのまま5秒間キープ。息を吸いながら最初のポーズに戻す。

目的別メニュー

肩こりを予防・解消するメニュー

肩をすぼめて僧帽筋を完全収縮させ、ストンと落とします。日頃からこまめに行うことで、肩こりの予防にもなります。

肩こりは、同じ姿勢で長時間いたり、パソコンなどでの目の酷使、運動不足やストレスなどがおもな原因です。冬にとくに肩がこるという方は、寒さで筋肉が硬直し、末梢神経が圧迫されているからだと考えられます。

筋肉の観点から見ると、肩こりは〝**僧帽筋の疲労**〟と言えます。肩をすぼめて僧帽筋を完全収縮させてから、ストンと落とすだけで、肩周辺の血行も良くなり、肩こりが改善されていきます。

鍛える部位

僧帽筋

目安

日頃からこまめに

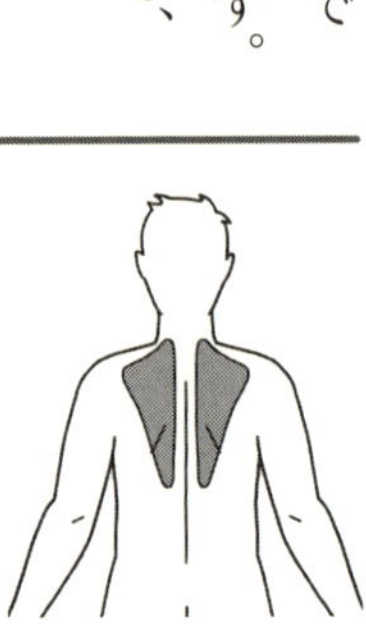

僧帽筋を鍛える

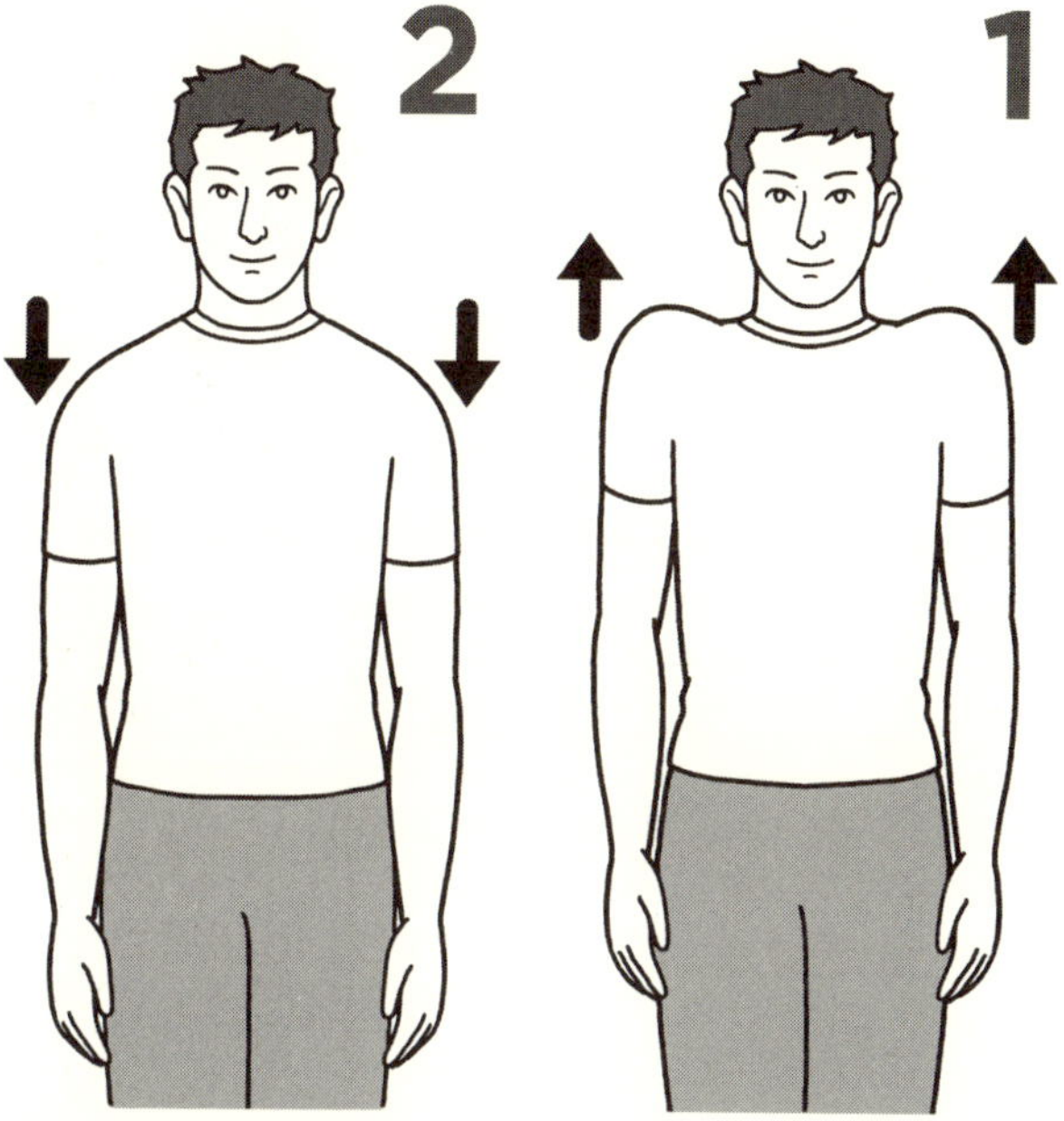

日頃からこまめに行うことで、肩周辺の血行が良くなり、肩こりが改善されていく。

肩をすぼめて僧帽筋を完全収縮させてから、ストンと落とす。これを何度か繰り返す。

目的別メニュー

四十肩、五十肩の解消メニュー

小指を上にした状態で、腕を真横から上げていきます。肩を落として行うと、棘上筋だけを使うことになり、可動範囲が広がります。

40代や50代になると、腕を上げたり後ろに回したりしたときに、肩に激しい痛みが起こることがあります。これを四十肩や五十肩と言いますが、正式には「肩関節周《かたかんせつしゅう》囲炎《いえん》」という疾患で、肩関節の周囲に起こる炎症です。

ポイントとなるのは肩関節の動きをつかさどる筋肉の強化。ここでは〝**棘上筋**《きょくじょうきん》〟をピンポイントで鍛えるメニューを紹介します。小指を上にして、痛みを感じる手前まで動かしていき、少しずつ可動域を広げていきましょう。

鍛える部位

棘上筋

目安

日頃からこまめに

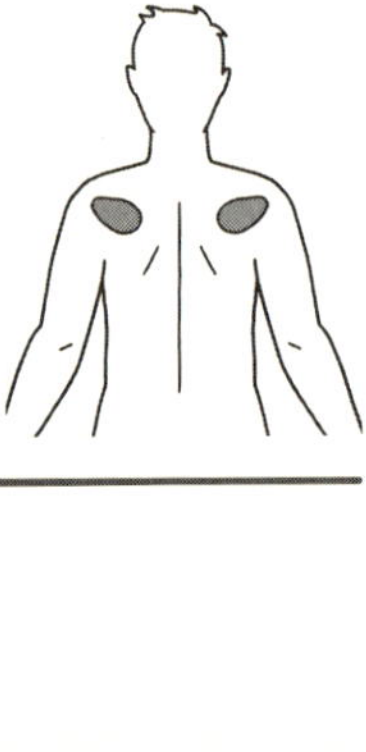

棘上筋を鍛える

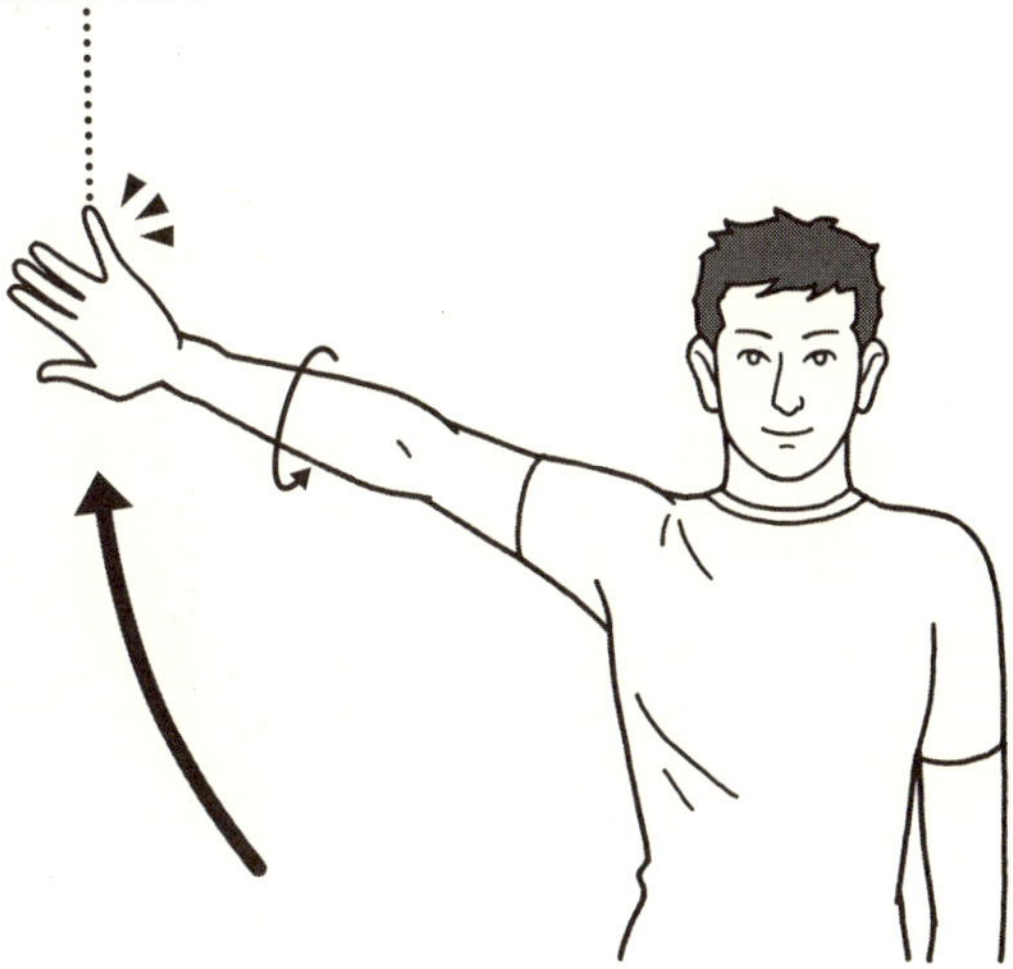

小指を上に向けるよう腕を回し、腕を真横から上げていく。肩を落とした状態で行うことで、棘上筋だけがピンポイントで鍛えられる。腕は無理に上げず、痛みを感じる手前でとどめること。毎日続けることで、可動域が徐々に広がり、腕がより高く上がるようになる。

目的別メニュー

腰痛を予防・解消するメニュー

腰痛対策には5秒腹筋の腹横筋のトレーニングがおすすめ。上半身と下半身でアーチを作って、脊椎の周辺を強化しましょう。

脊椎《せきつい》（背骨）や腹部はたくさんの筋肉が重なり合い、腰にかかる負担を分散させています。腹横筋は脊椎のもっともそばにある筋肉で、お腹の奥からコルセットのように腰周りをしっかりと支えています。そのため、腹横筋が弱くなると周囲の筋肉に負担がかかり、脊椎が不安定になり、体のバランスが崩れて腰痛を引き起こします。「5秒腹筋」の腹横筋のトレーニングを行って、脊椎をしっかり安定させましょう。

鍛える部位

腹横筋

目安

10回
×3セット

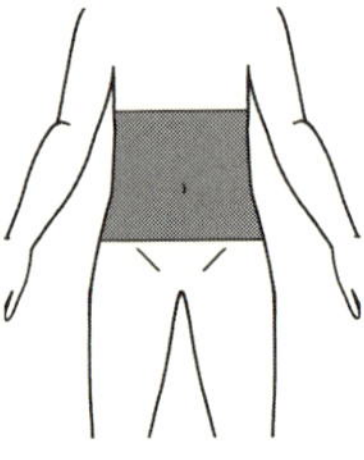

腹横筋を強化する

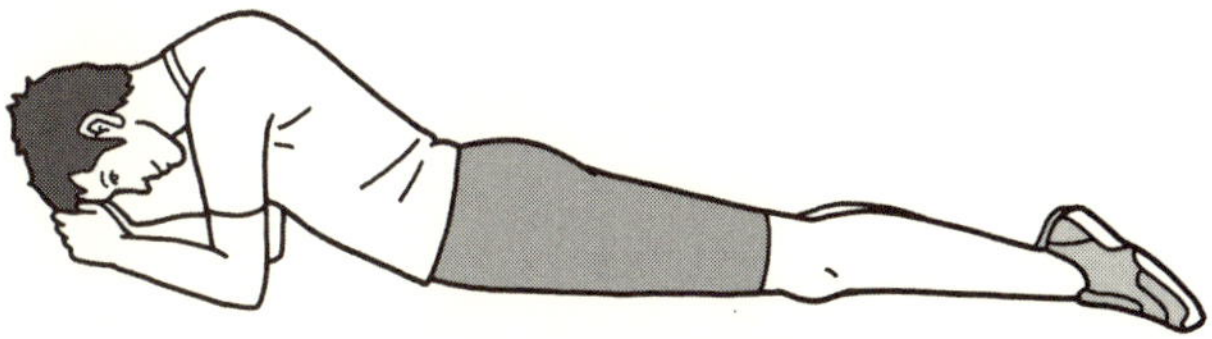

1 76ページで紹介した腹横筋の5秒腹筋と同じ。両ひじを床面につけ、両こぶしの上に頭を預けるのが基本姿勢。

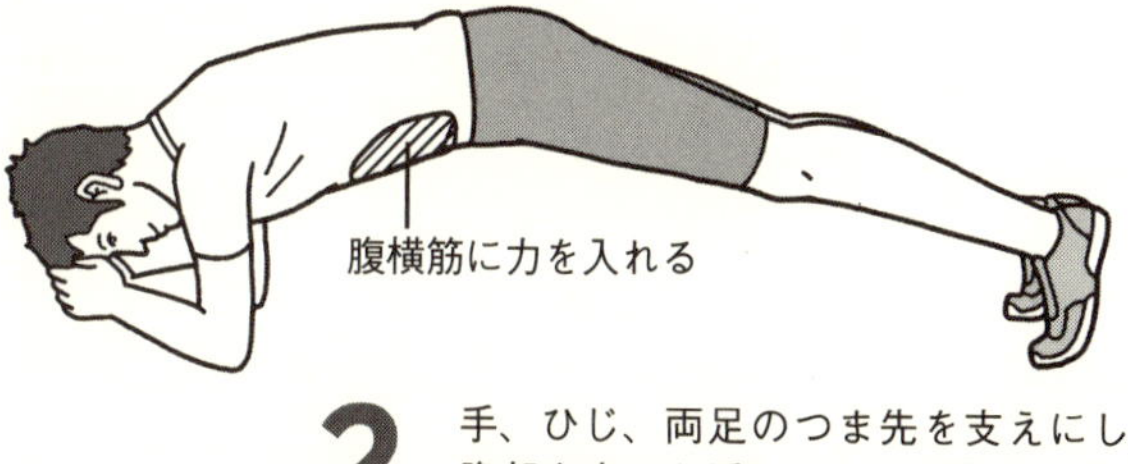

2 手、ひじ、両足のつま先を支えにし、腹部を床から浮かせて、5秒かけて全身でアーチを作る。お腹に力を入れたまま、呼吸をしながら5秒静止し、基本姿勢に戻る。

バリエーション

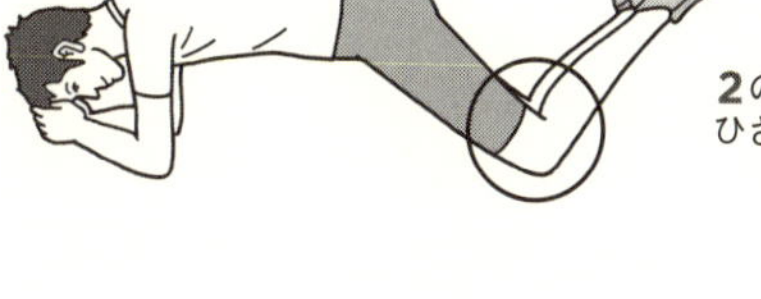

2の体勢がきつい場合はひざをついてもOK。

5秒腹筋と部分ヤセ効果を高めるおすすめストレッチ

5秒腹筋の基本姿勢の説明でも述べましたが、筋肉をつぶす（完全収縮させる）には、前段階として、筋肉をできるだけ伸ばしておくことが重要です。

そこで、5秒腹筋や部分ヤセトレーニングの効果を高めるために、1セット終えた後のインターバルにストレッチを行うことをおすすめします。ストレッチはトレーニング効果を高めるだけでなく、ピンポイントで鍛えた筋肉をリフレッシュさせて疲労を残さない効果も期待できます。

また、ストレッチをこまめに行うことで筋肉の柔軟性が高まると、筋肉と脳が神経ネットワークでつながりやすくなり、体も動かしやすくなるでしょう。

ここでは、お腹や腰周りの筋肉をしっかり伸ばすためのストレッチメニューを紹介します。

①腹直筋のストレッチ

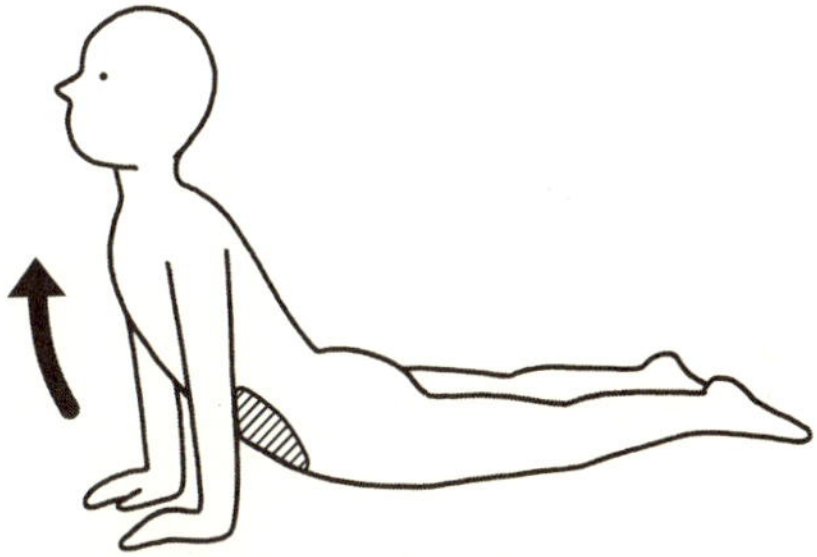

うつ伏せの状態から、両手をついて上体を反らす。腰と太ももを床につけておくと、腹直筋によく効く。あごを上げて、視線は遠くに。

②腹斜筋のストレッチ

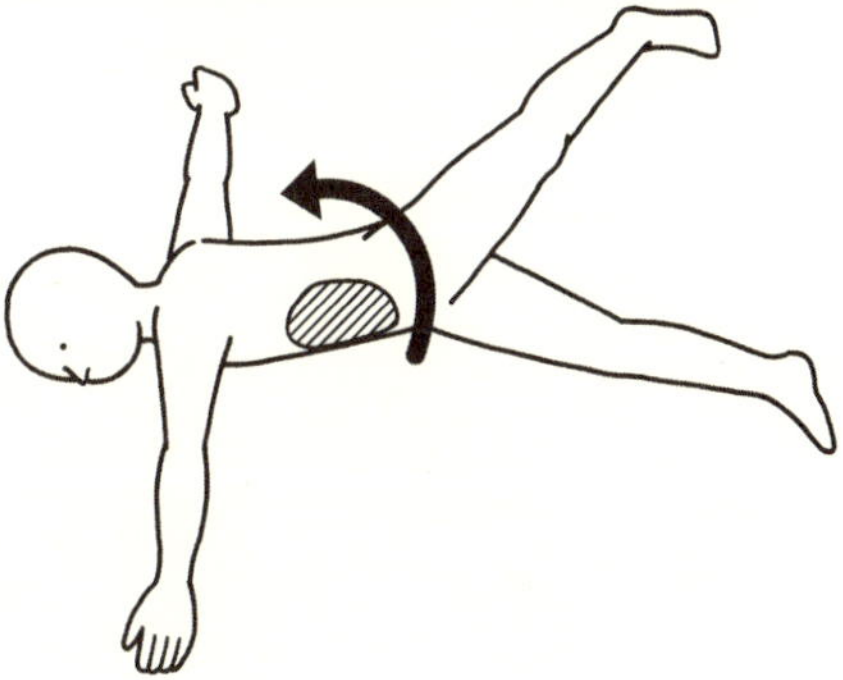

両手を大の字に広げ、顔は左側に向けてうつ伏せに寝る。腰をひねり、左足を背中側の床につける。反対側も同様に行う。

③腹筋や腰のストレッチ

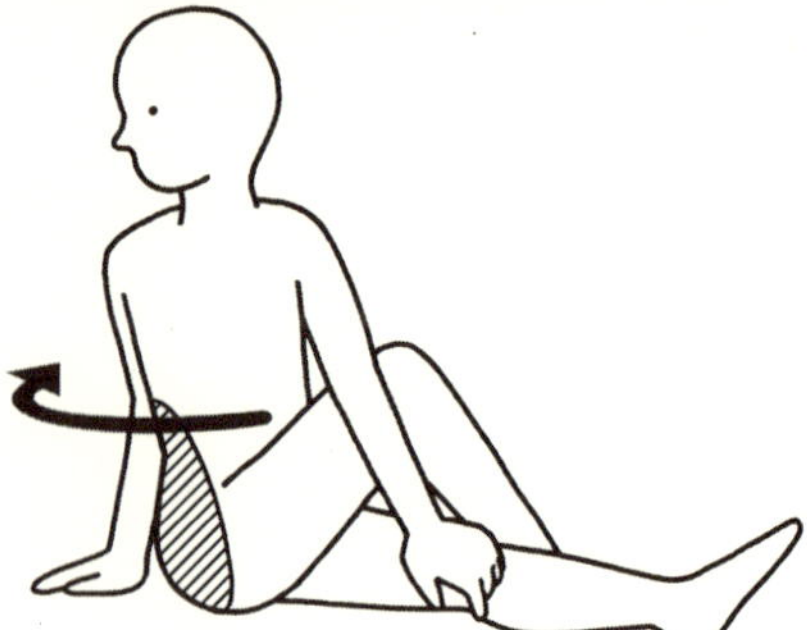

座った状態で、伸ばした左足の外側に右足を置く。左腕を右ひざの外側にかけ、ゆっくりと息を吐きながら上体を右にひねる。反対側も同様に。

④大殿筋、腰、背中のストレッチ

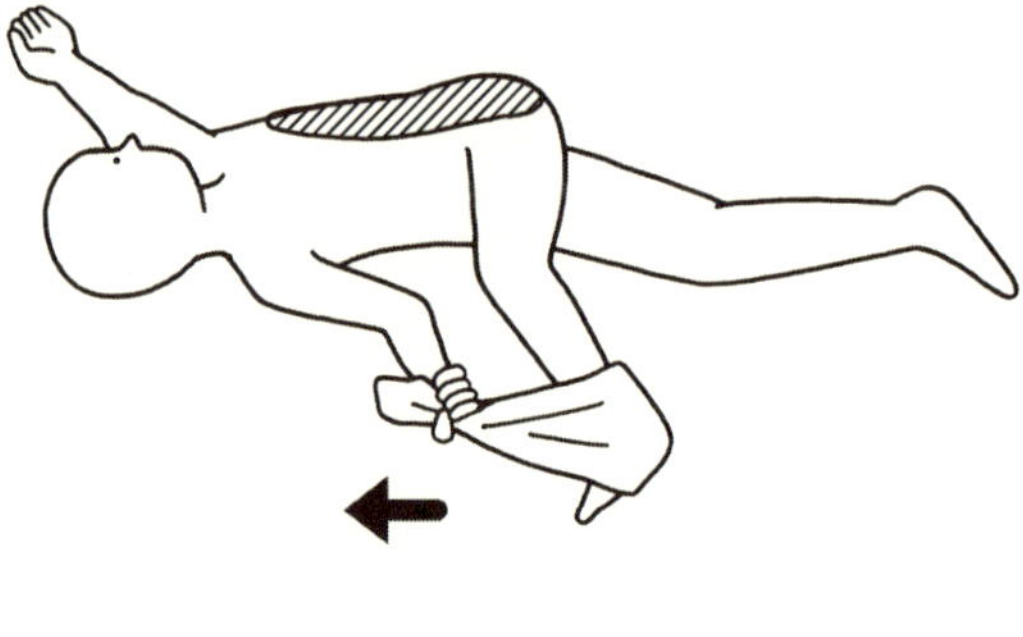

両手を広げ、肩は床につけたままあお向けに寝て、左足を右側にひねる。左足のかかとにタオルをかけて、右手で引っ張り上げる。反対側も同様に。

⑤大胸筋のストレッチ

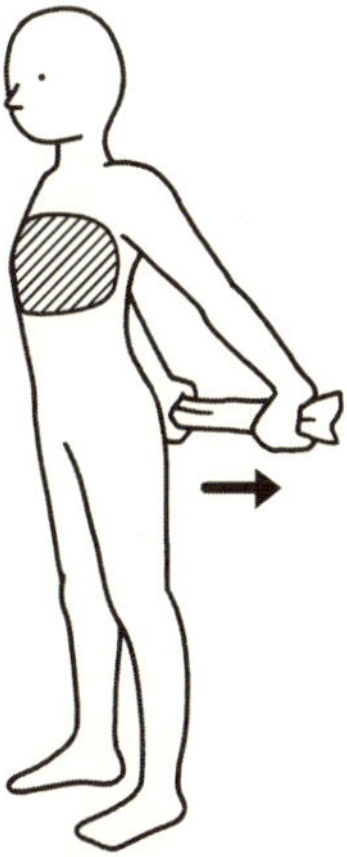

後ろに回した両腕で、タオルの両端を持って水平に張る。両腕を伸ばしたまま少し上に上げると、大胸筋が伸びて胸が左右に開く。

⑥広背筋のストレッチ

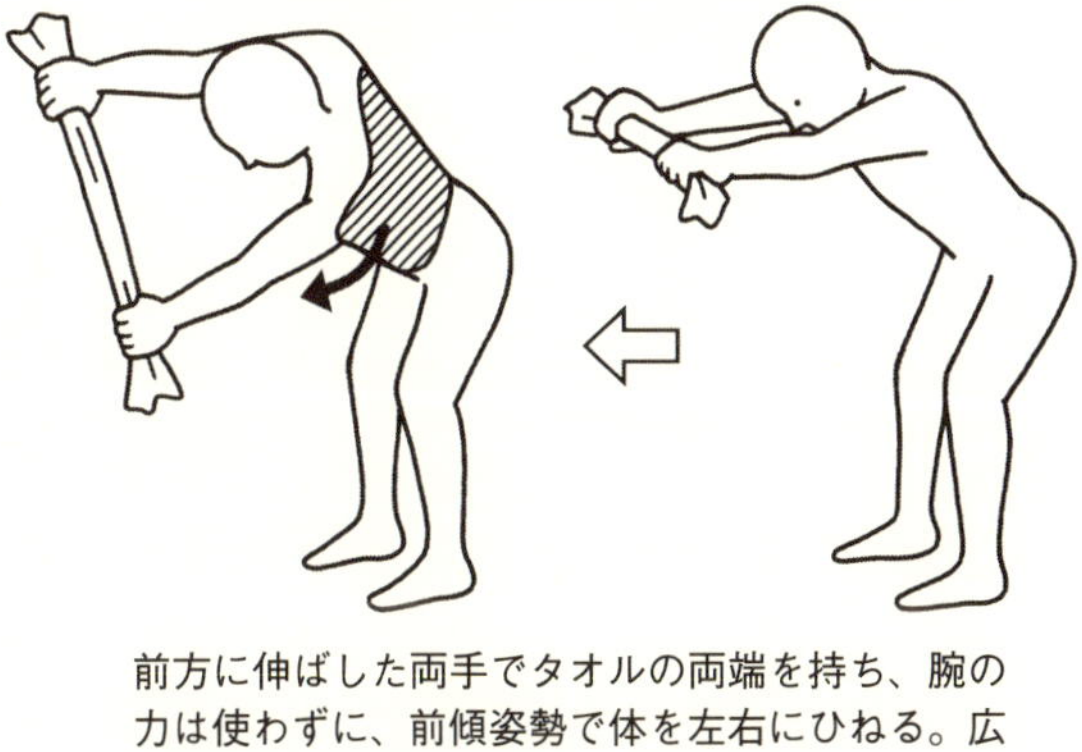

前方に伸ばした両手でタオルの両端を持ち、腕の力は使わずに、前傾姿勢で体を左右にひねる。広背筋に加え、腹斜筋のストレッチにもなる。

日常のスキマ時間を活用して、効率よく〝筋活〟をしよう！

前ページまでに紹介した目的別・部分ヤセトレーニングは、やり方自体はそれほど難しいものではないと思います。ただ、非日常的な体勢で動きを止めたり、あお向けにならなければいけないメニューもあり、5秒腹筋のように、いつでも、どこでも気軽にできるというわけにはいきません。

そこでおすすめしたいのが、**「スキマ筋トレ」**。文字通り、日常生活のちょっとしたスキマ時間に、体を引き締めることができる簡単なトレーニングです。

たとえば、正しい姿勢をキープするとか、キレイに立ったり座ったりを意識するだけで、腹直筋と脊柱起立筋《せきちゅうきりつきん》を鍛えることができます。

歩く、階段を昇る、電車に乗る、信号やエレベーターを待つ、デスクワークや家事をする、歯を磨くなど、当たり前のように行っている日常動作に体を引き締める動きを加えていくのが「スキマ筋トレ」の特長です。

運動不足で体力の衰えた中高年が無理なトレーニングを行っても続かずに挫折してしまうでしょう。その点、5秒腹筋やスキマ筋トレは日常生活の中で、いつでも、どこでも気軽にできるため、習慣化しやすいというメリットがあります。

＊

次ページから1日のスキマ時間にできる「スキマ筋トレ」メニューを紹介しています。5秒腹筋トレーニングにちょい足しして行うと引き締め効果が格段にアップするでしょう。

スキマ筋トレメニュー

メニュー1 通勤編

メニュー2 オフィス編

メニュー3 自宅編

スキマ筋トレ 通勤編

駅の階段や電車内、電車待ちや信号の待ち時間は、スキマ筋トレにうってつけ。手持ち無沙汰になりがちな時間を有効活用しましょう。

駅の階段でできる腸腰筋トレ

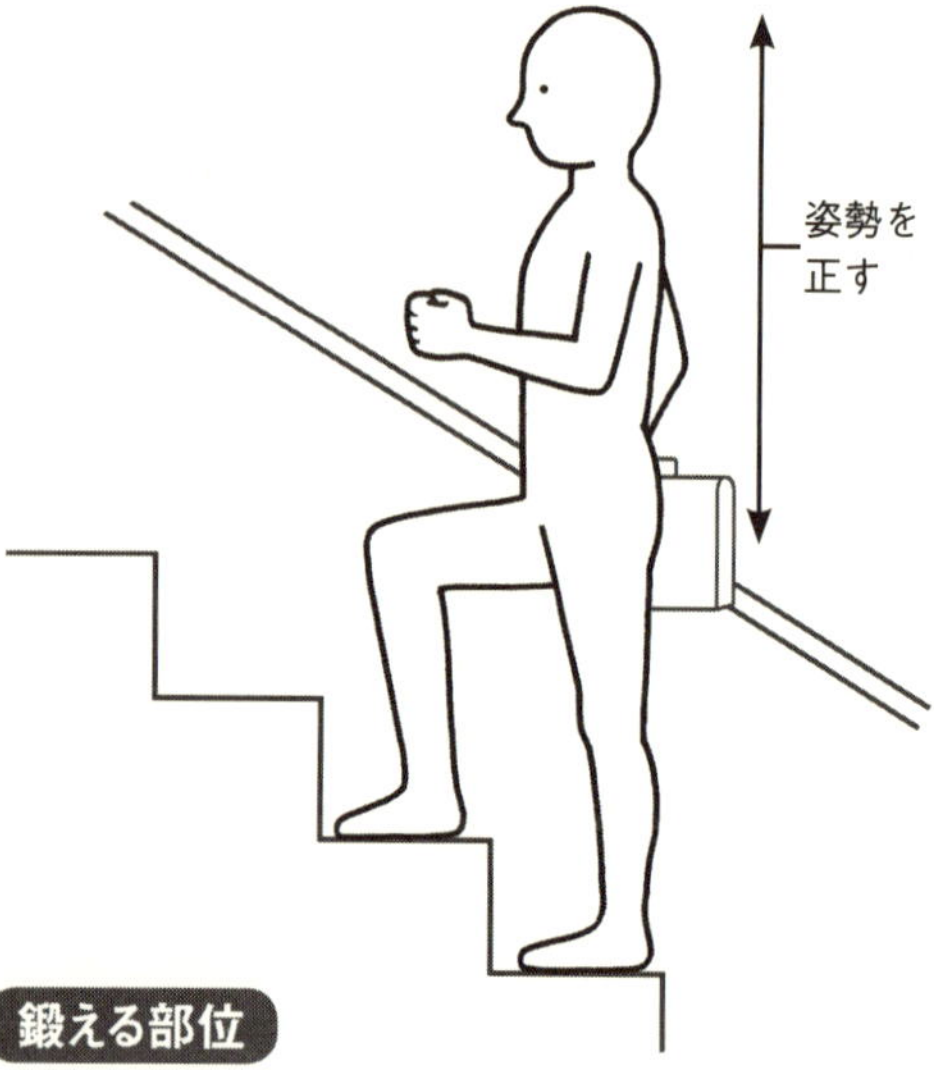

鍛える部位

腸腰筋

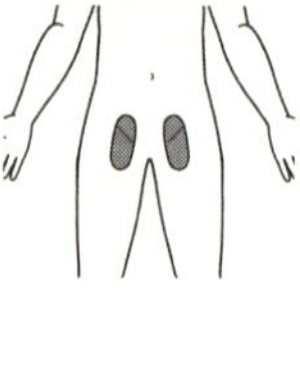

上半身が前に傾かないようにお腹に力を入れて姿勢を正します。太ももを高く引き上げ、腸腰筋を意識しながら駆け上がらずにゆっくり昇りましょう。1段飛ばしでゆっくり上がると、より腸腰筋に刺激を与えられます。

通勤電車内で腹横筋トレ

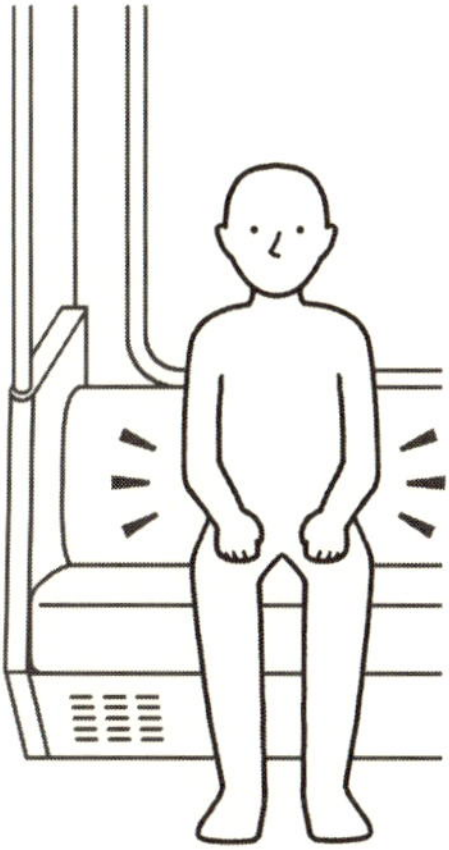

ベルトを少し緩め、息を吸うときにお腹を凹ませます。息を吐いてお腹を膨らませるときにベルトを押します。1〜2駅を目安に。

鍛える部位

腹横筋

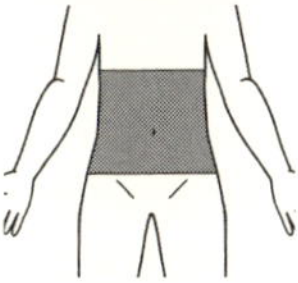

通勤電車内で内ももトレ

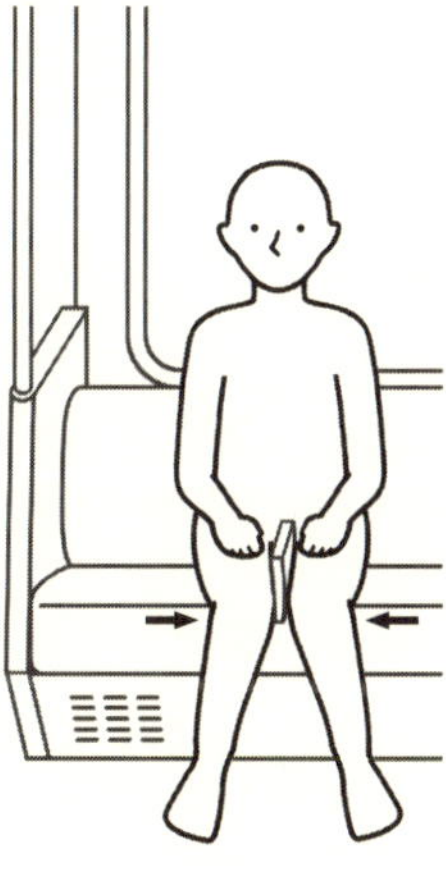

足を肩幅に開いて座り、太ももの間に本などを挟んで、落ちないように両ひざで押し合います。立っているときは両ひざを寄せ合うようにすると効果あり。

鍛える部位

内転筋

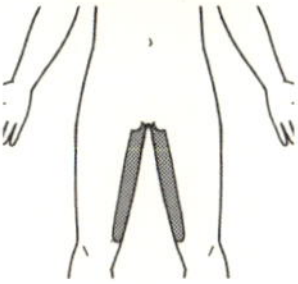

通勤電車内で二の腕トレ

腰が反らないように腹筋を使ってしっかり立ち、手すりやつり革につかまります。そのままひじを伸ばして、手すりまたはつり革を思いっきり押します。

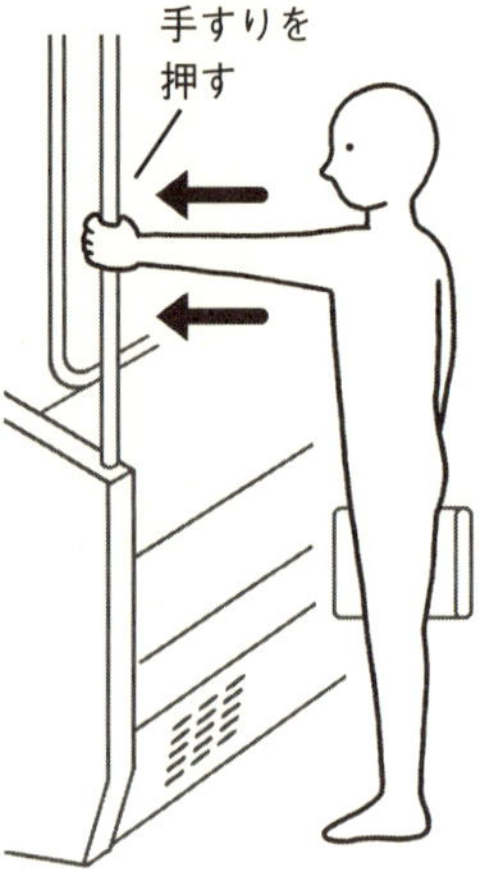

鍛える部位

上腕三頭筋

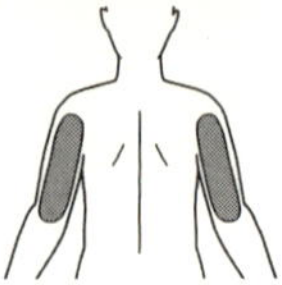

電車や信号待ちで全身引き締めトレ

つま先➡かかと➡ふくらはぎ➡太もも➡お尻➡お腹➡背中➡胸➡腕➡肩と、下から上に向かってひとつひとつのパーツを意識しながら、順番に力を入れていきます。

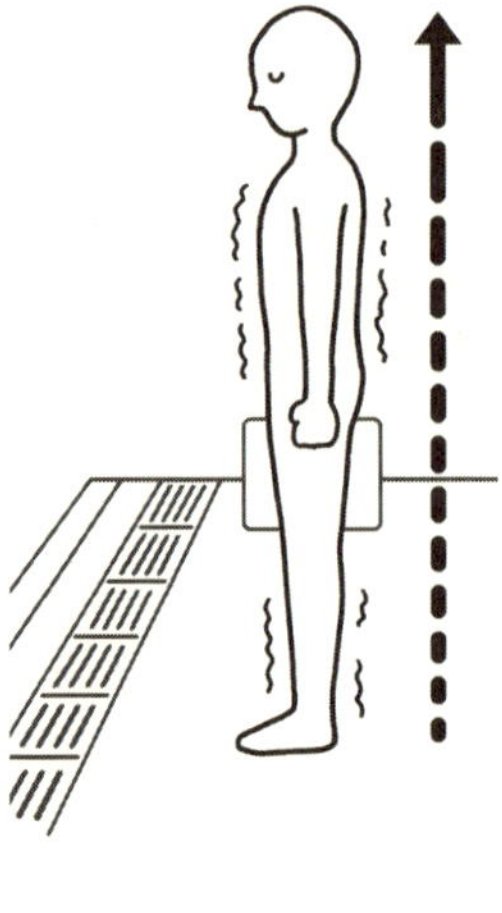

鍛える部位

全身

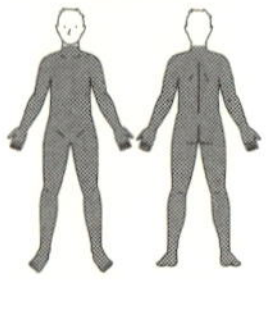

スキマ筋トレ オフィス編

デスクワークの小休止やストレス解消にトライ! 座りながらできるスキマ筋トレで、気になる部位を効果的に引き締めましょう。

デスクでお腹トレ

鍛える部位

腹筋・腸腰筋

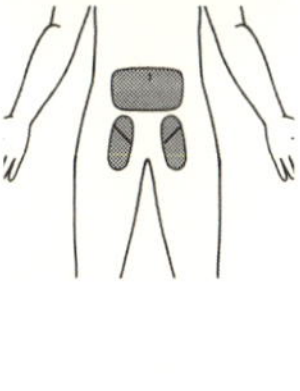

イスに腰かけた状態から、片ひざを上げて机の裏面を押し上げます。数秒キープしたら逆の足も同様に。足のつけ根がプルプルしてきたら、そこが腸腰筋です。

デスクでわき腹トレ

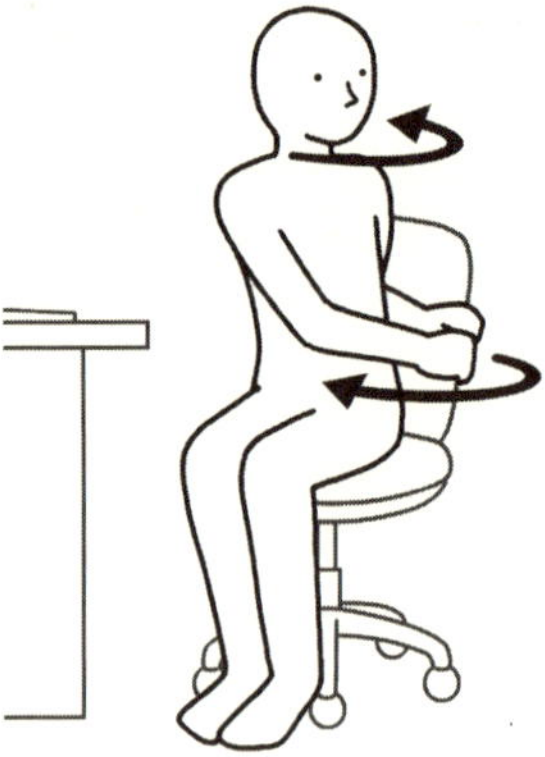

正面向きでイスに腰かけ、両手で背もたれの左側をつかみます。上半身を顔ごと左にひねり、両腕は逆方向に。互いに引っ張り合うようにしてキープ。逆側も行いましょう。

鍛える部位

腹斜筋

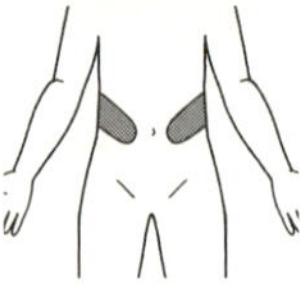

デスクで前腕トレ

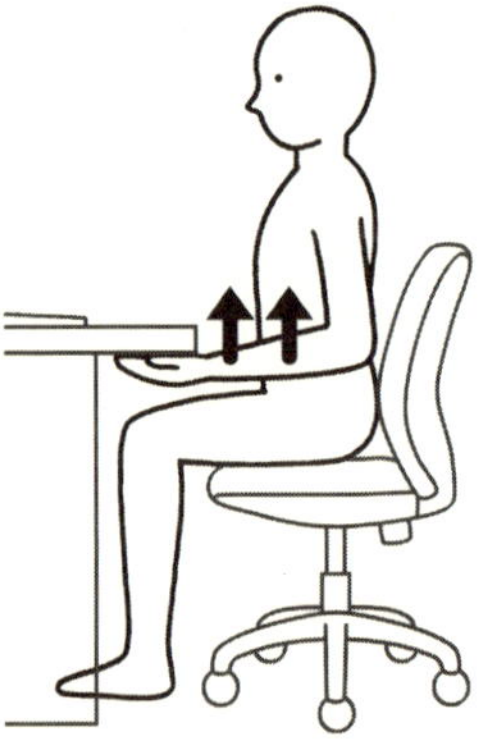

姿勢を正して座った状態から、机の下で両手のひらを上に向け、机を思いっきり持ち上げるように押します。机が軽い場合は片手で持ち上げ、もう片方の手で上から押さえつけます。

鍛える部位

上腕二頭筋

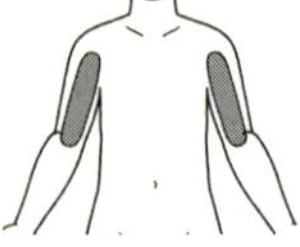

デスクでバストアップ

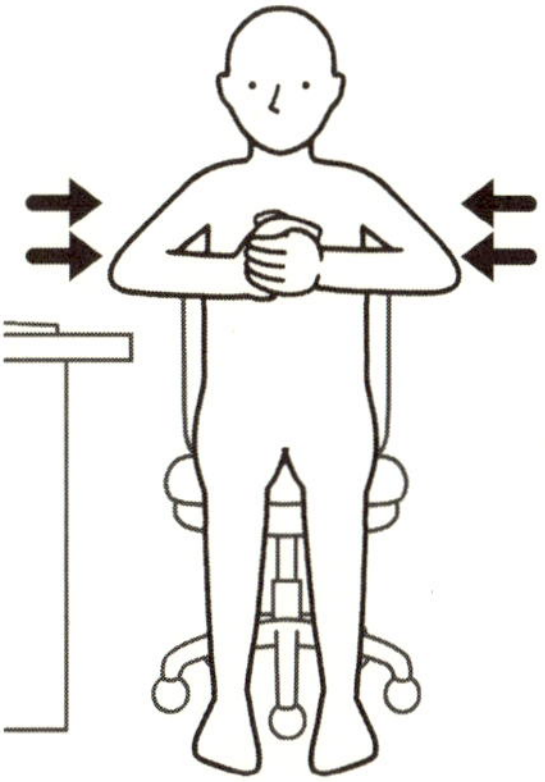

両手を胸の前で握手するように握り、ひじを張って肩の高さまで上げてから、思いっきり押し合います。両手は合わせずに握り合いましょう。

鍛える部位

大胸筋

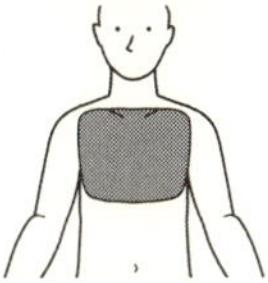

デスクで腕とお腹を同時にシェイプ

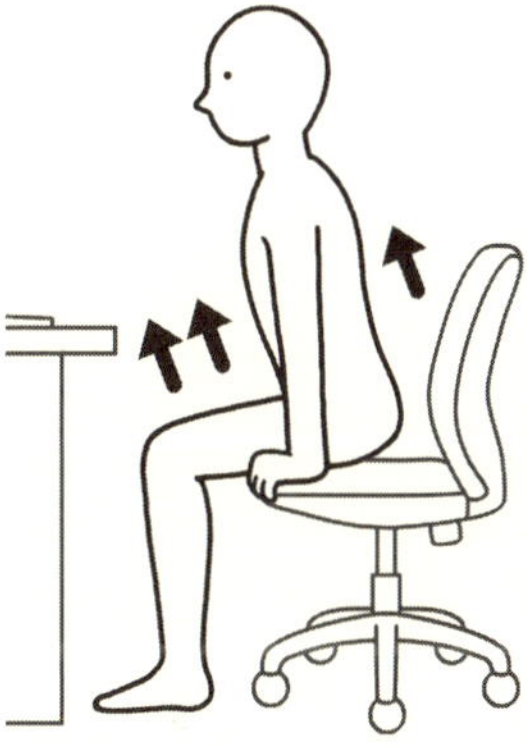

イスに腰かけてお尻の横に両手を置き、自分の体を持ち上げるような気持ちでイスを思いっきり押します。上体を丸めたり、ひじを曲げたりしないこと。

鍛える部位

上腕三頭筋と腹筋群・腸腰筋

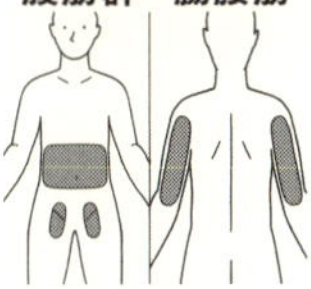

会議中に下腹トレ

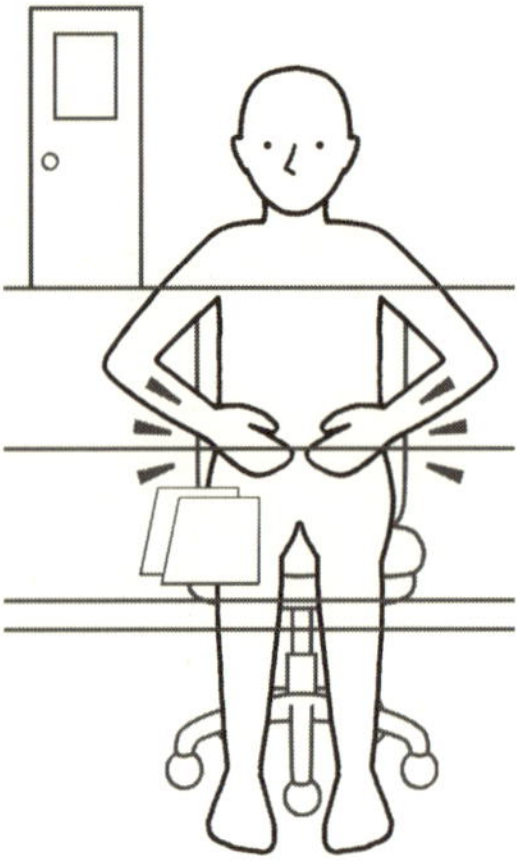

手の位置を固定し、息を吐いてお腹を膨らませるときに、添えた両手でお腹を押します。ベルトをしていればベルトを少し緩め、バックル部分をお腹で押します。

鍛える部位

腹直筋

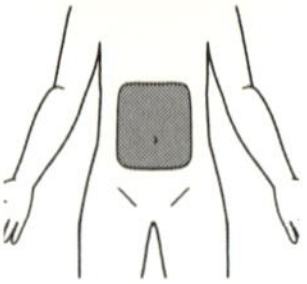

エレベーター待ちで美脚トレ

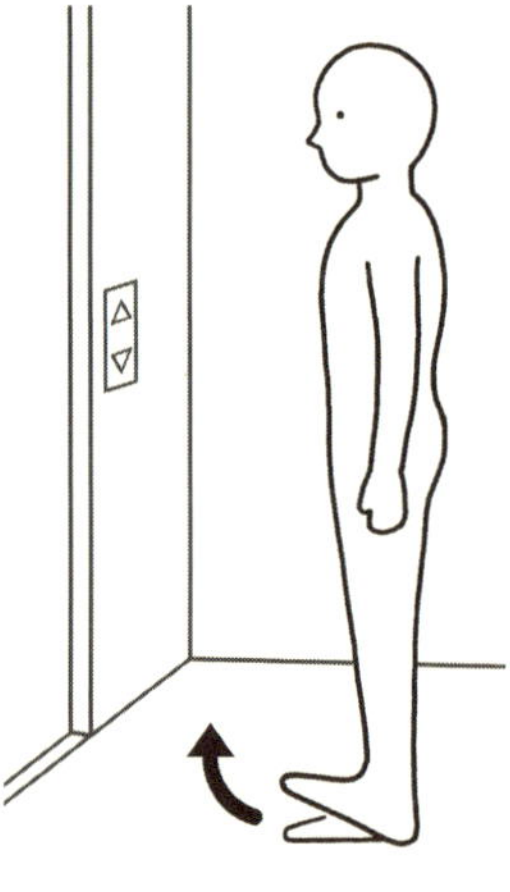

まっすぐ立った状態から、つま先を上げてかかとで立ちます。両足でやっても片足ずつやっても効果が出ます。つま先はできるだけ高く上げましょう。

鍛える部位

前頸骨筋

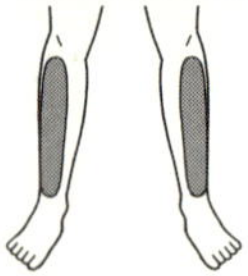

(注)転ばないように注意してください。

スキマ筋トレ 自宅編

リラックスできる自宅では、オフィスや通勤時以上に体を大きく使ったトレーニングが可能です。家事やくつろぎタイムにもスキマ筋トレを。

テレビを見ながら下腹トレ

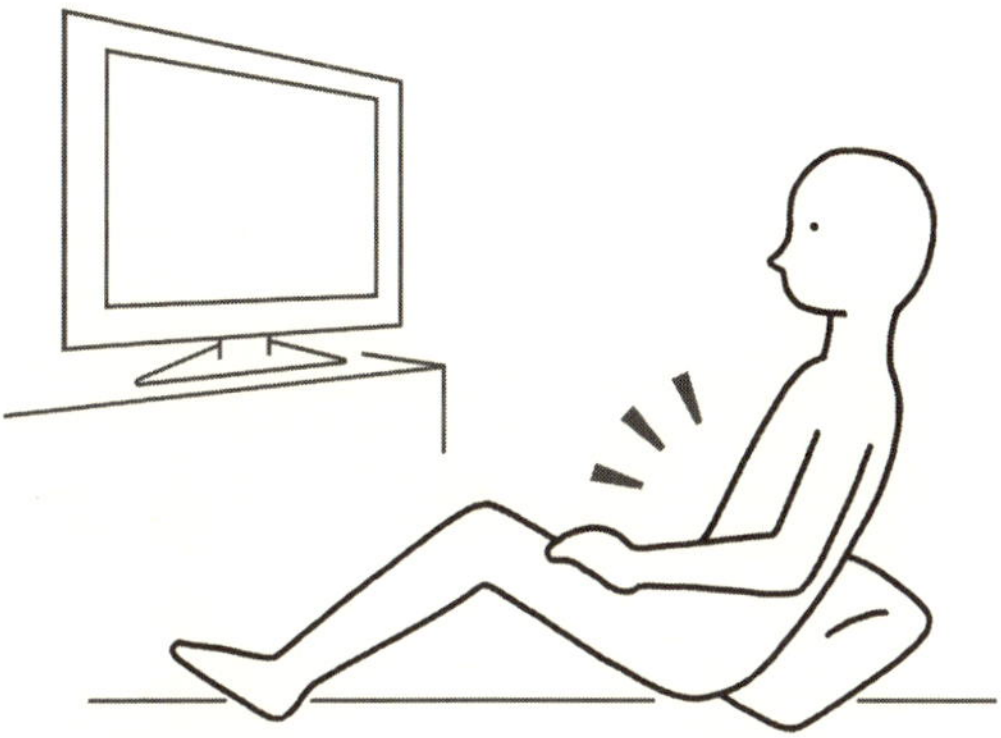

鍛える部位

腹直筋

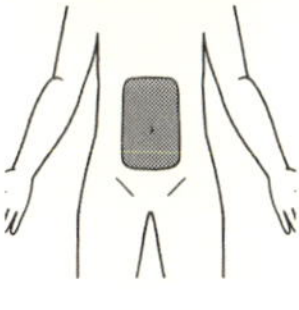

腰にクッションをあて、軽くひざを曲げて床に座ります。ソファの場合は浅く腰かけます。背中を丸めずに、上体を45度くらい後ろに倒して数秒間キープします。

洗顔しながらふくらはぎトレ

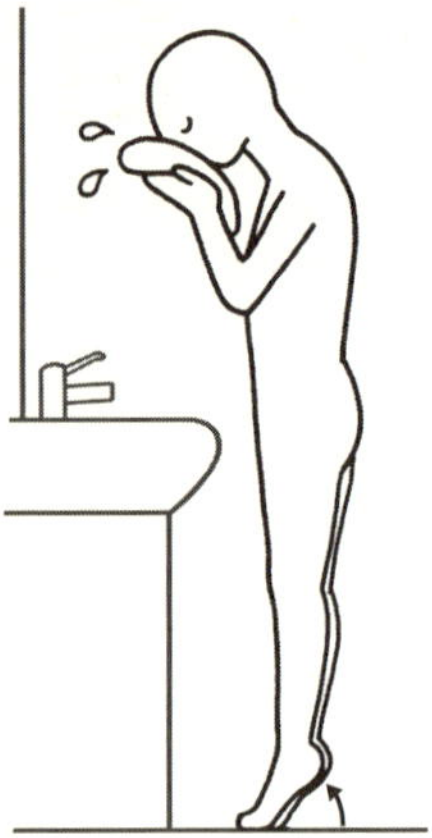

つま先に体重をかけて、かかとを十分に押し上げます。次にかかとをゆっくり下げ、ふくらはぎを十分伸ばします。むくみにくい脚になり、足首がキュッと引き締まります。

鍛える部位

腓腹筋とヒラメ筋

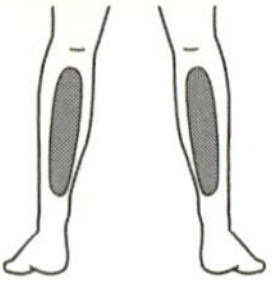

歯磨きしながら美脚トレ

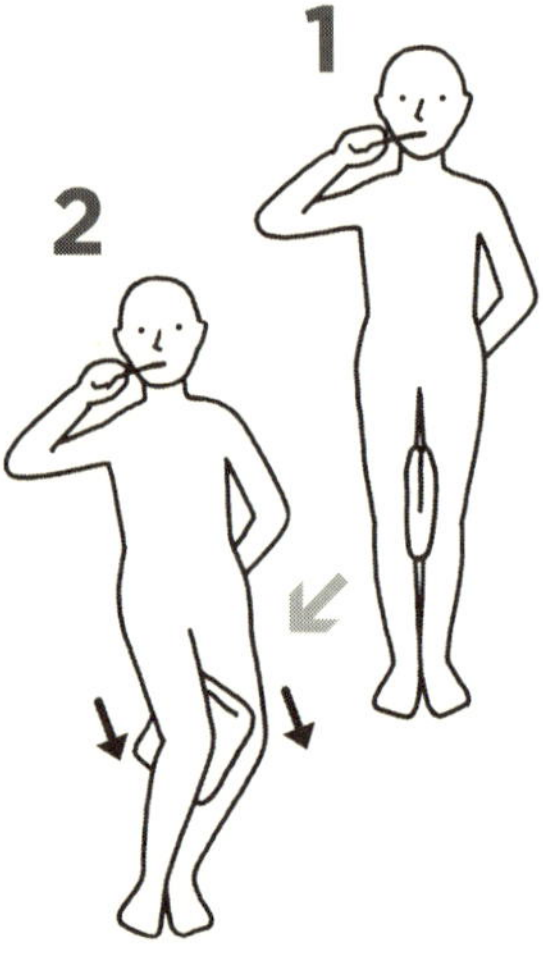

両ひざの間にタオルを挟み、ひざを軽く曲げます。かかとをやや浮かせた姿勢から、両ひざに力を入れて、スキーのようにひざ頭を"中央➡右➡中央➡左"とリズミカルに曲げます。

鍛える部位

内転筋

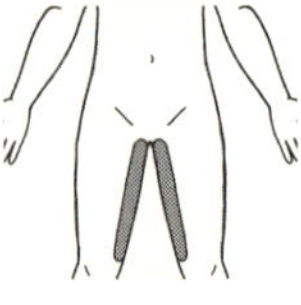

洗い物をしながら股関節トレ

つま先を外側に向け、肩幅以上に大きく両足を開いて立ち、腰をひざの高さまでゆっくり下ろします（ひざ頭はつま先と同じ方向に）。数秒間キープし、ゆっくり立ち上がります。

鍛える部位

股関節周りの筋肉

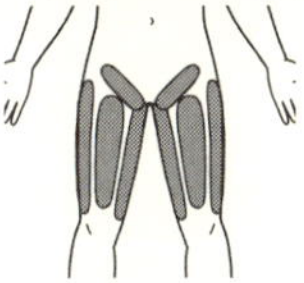

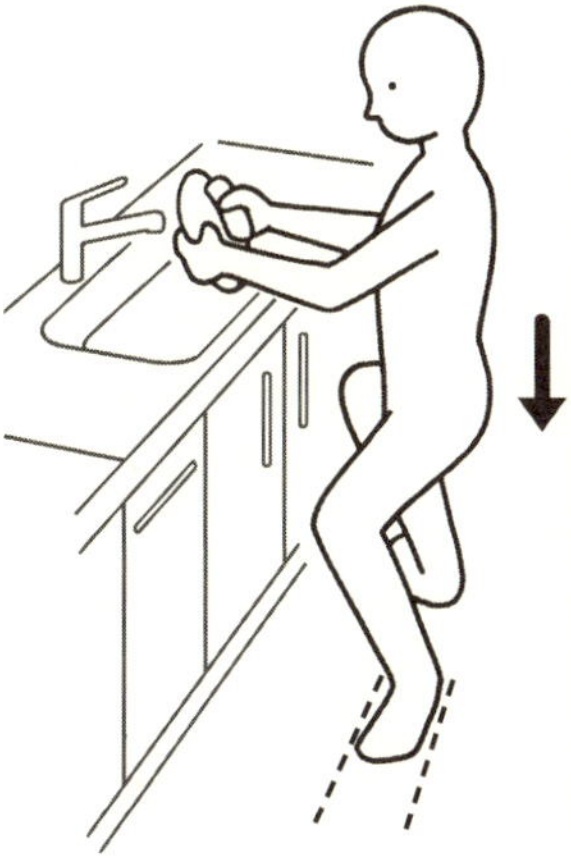

洗い物をしながら美脚トレ

脚を閉じて立った状態から、片脚を横に大きく振り上げ、元に戻します。次にお尻から太ももの裏側の引き締めを意識し、片脚を後ろに引き上げます。これを交互に繰り返します。

鍛える部位

下半身の外側・裏側

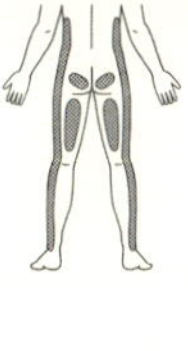

COLUMN

日頃から腹筋を意識していますか?

私たちは日々の生活で、荷物を持ったり、歩いたり、階段の昇り降りなど、様々な場面で腕や脚、背中の筋肉を頻繁に使っています。しかし、日常生活で腹筋を重点的に使うケースはほとんどありません。それもお腹太りを招くひとつの要因です。

腹筋は厳密には、呼吸をする度に動かしてはいますが、〝意識的に〟使ってはいません。たとえば、腹芸のようにお腹を出したり、凹ませたり、自分でイメージしたように動かせますか？　おそらく、お腹が凹まなかったり、動かしにくいと感じた人が多いのではないでしょうか。体にはそうした「使っていない」と判断した部分の神経回路を、不要なものとして衰えさせていく性質があります。

子どもの頃は遊びの中で、あるいは学生時代は部活動や体育の時間に腹筋を動かしたり、鍛える機会がありました。ところが、大人になると「使おう」と意識していない限り、ほとんど腹筋を使わなくなりがちです。その結果、腹筋を使うための神経回路が衰えてしまい、筋力も低下して、お腹がポッコリ出てしまうのです。

PART 4

今さら聞けない！

40歳から知っておきたい筋トレのQ＆A

Q なぜ、お腹にぜい肉がつきやすいの？

A 食生活以外では、人間の体の構造や日頃の姿勢が影響します。

太ったときにお腹のぜい肉が目立ってしまうのは、人間の体の構造が深く関係しています。これは年齢にかかわらず、あらゆる人に共通しています。

たとえば、胸の部分は肋骨《ろっこつ》があることで、外部の衝撃から臓器を守っていますが、肋骨から下のお腹の部分には骨組みがありません。骨がない代わりに、脂肪が内臓や空洞のお腹を保護しているのです。とくに女性の場合は、お腹周りの脂肪が子宮を守る重要な役割を果たしています。

そのような体の構造上、お腹周りにどうしても脂肪がつきやすい構造になっているというわけです。そして意識して腹筋を使わなければ、ぜい肉がどんどんついてしまうことになります。

また、同じ骨格の側面から、日頃の姿勢によってもお腹周りの脂肪のつき方が変わってくることもわかっています。**〝骨盤の歪み〟**はその代表的な例です。

たとえば骨盤が〝後傾〟しているケース。現代人は、デスクワークなどで前かがみの姿勢になりやすく、上半身のバランスをとるために猫背になりがちです。その傾いた骨盤によって内臓が押し下げられ、下腹部がポッコリと出てしまいます。

全体的にはやせているのに、下腹だけが出ていて気になるという方は、姿勢が猫背になっていないでしょうか。

逆に骨盤が〝前傾〟していても、お腹に脂肪がつきやすくなります。骨盤が前に傾いていると背中を反った姿勢になるため、お腹の筋肉は常に伸びた状態で、収縮しにくくなります。その結果、お腹全体が大きく膨らんだように見えてしまいます。俗に「太鼓腹」「ビール腹」と呼ばれる出っ腹です。

こうした骨盤の歪みは、**〝加齢による筋力の減少〟**も原因のひとつです。また、骨盤が歪むと、お腹太りを進めるだけでなく、ひざや腰を痛める要因にもなりかねません。

「5秒腹筋」に加え、腸腰筋を鍛えるトレーニングを行うことで、姿勢は改善され、お腹もスッキリ凹んでいくでしょう。

Q 筋トレをすると体重が増えるのでは？

A 基礎代謝量が上がり、やがて体重も落ち着いていきます。

筋肉の比重は脂肪の比重よりも重いため、筋力トレーニングによって筋肉を増やすと、最初は体重が多少増えます。お腹を凹ませる、あるいは体重を減らすためのダイエットなのに、と不満に思うかもしれません。

しかし、筋肉が増えると基礎代謝量も上がりますから、それは、やせやすい体質になったということです。その体質を維持していけば、やがて体重も落ち着いていくはずです。また、腹筋が鍛えられていれば、体重自体が減っていなくても、体全体が引き締まって見えます。

中年太りは筋肉量の減少にともなう基礎代謝量の低下が原因。体重よりも体脂肪率や体型の崩れを気にするようにしてください。

Q リバウンドしないように気をつけることとは？

A 極端な食事制限で一気に体重を落とそうとしないことです。

食べなければ体重は簡単に落ちますが、それは栄養失調に近づいているだけで、〝健康的なダイエット〟とは対極にある方法です。

食事制限による体重の減少では、脂肪よりも筋肉が減りますから、それにともなって基礎代謝量も低下します。結果的に体内の脂肪が燃えにくくなり、そのまま蓄積されて太りやすい体になってしまいます。

食べない無理な食事制限は続かずに挫折しがち。筋肉が減った体で、食事量を元に戻せば、食事制限をする前よりも太りやすくなり、リバウンドが起きてしまうのは明らかです。

ダイエットで大切なのは、運動、食事、休養です。バランス良く食事を摂り、適度な運動も取り入れながら、健康的にやせることを目指してください。

Q 筋トレを効果的に行う条件とは？

A 「時間」「強度」「頻度」がトレーニングの三大条件です。

トレーニングにおける〝時間〟には、1日あたりのトレーニング時間、トレーニング間のインターバル（休憩時間）、重さを挙げる速さ（挙上《きょじょう》時間）など、いくつかの意味がありますが、たくさんやればいいというものでもありません。

1日あたりの**トレーニング時間は、正味1時間程度がベスト**です。それ以上行うと、筋肉にダメージを与えてしまう可能性があり、あまりおすすめできません。

トレーニング1回ごとの**インターバルは1分間程度**が適当です。

挙上時間は、トレーニングの目的によって変わってきますが、ダイエット目的であれば、ゆっくり挙げてゆっくり下ろす速さがいいでしょう。

強度とは「重さ」のことで、これも目的次第で変わります。

マシンを使って筋肉を大きくしたい場合は、7〜8回しかできないであろう重さの設定にして、12回ぐらい挙げるようにします。逆に、運動を長い時間続けるための筋持久力を高めたい場合は、自分が挙げられる最大の重さの60%ぐらいに強度を落とし、20回以上挙げるのが効果的です。

ただし、自分の体重を負荷とする自重トレーニングでは、重さそのものを変えることはできません。その際の強度は、回数やセット数、セット間のインターバル、収縮の速さを変えるなどして、強度を調整することになります。

頻度とは、週に何回トレーニングを行うかということです。

筋細胞は約90日サイクルで入れ替わるといわれています。つまり、最初に刺激を与えた筋細胞は3ヶ月後に生まれ変わります。このとき最初に刺激した部分は、その後何もしないと、約10日で刺激した効果がゼロになってしまうので、10日おきの筋力トレーニングでは筋肉を維持する程度でしかないということです。

鍛えるという意味での筋力トレーニングは、週3回の頻度で行うのが理想と言われています。

Q 筋トレだけでホントにやせるの？

A 正しいやり方で行っていれば、必ずやせます。

時間・強度・頻度というトレーニングの三大条件がそろい、正しいフォームや呼吸法で行っているならば、必ずやせます。ただし、スポーツジムでトレーナーがよく指導している、「マシントレーニングでは、息を吐きながら押し、吸いながら戻してください」といったやり方では、動きと呼吸が連動していないため、いくらやっても効果は出ないでしょう。

正しいやり方としては、力を入れる直前に息を吸いきって止め、自分の筋肉が収縮しているかどうかを意識し、息を吐きながら力を込めます。収縮し終わったら、自然な流れで息を吸いながら戻します。トレーナーの指導をすべて鵜呑みにせず、時間・強度・頻度が目的に沿っているか、フォームや呼吸法が本当に正しいのか、自分自身で考え、確認しながら行っていくことが大切です。

Q 速筋と遅筋の違いとは？　鍛え方も異なるの？

A ともに筋肉を構成している筋線維ですが、その性質も鍛え方も異なります。

速筋や遅筋は筋線維のことで、人間が力を発揮する際に最適な筋肉です。人によって速筋と遅筋の割合は異なり、それを変えることはできませんが、速筋の割合が多い方が、筋肉がつきやすいと言われています。

速筋は瞬発系の動きに関わる白い筋肉で、運動では短距離走やウエイトリフティングなど、日常生活ではとっさのジャンプやダッシュ、とても重い物を持ち上げるときに活用されます。**速筋は、自分ができる最大の強度の70〜80%で、1秒ぐらいの速さでグッと力を入れるトレーニング**によって鍛えられます。

遅筋は持久系の動きに関わる赤い筋肉で、運動では長距離走など、日常生活ではほぼあらゆる場面で活用されています。**遅筋は、自分ができる最大の強度の50〜60%で、ゆっくり多めの回数を繰り返すトレーニング**で鍛えられます。

Q インナーマッスルとは？　鍛え方のポイントは？

A 体の深層部にある筋肉の総称で、腹式呼吸で鍛えられます。

体の表層にある筋肉をアウターマッスルと呼ぶのに対し、骨に近い部分にある筋肉をインナーマッスルと呼びます。ある特定の筋肉を指している用語ではなく、体の深層部にある筋肉の総称で、腹筋群の中では腹横筋がインナーマッスルに当たります。インナーマッスルのおもな役割は、関節の位置を調節して良い姿勢を維持したり、体の内側から熱を生み出すことです。

鍛え方のポイントは、**姿勢を正したうえでの腹式呼吸**です。剣道などをやられている方の背中がお年を召していてもピンと伸びているのは、いつも良い姿勢で腹式呼吸をしており、自ずとインナーマッスルが強化されているからです。

ただ、インナーマッスルだけをピンポイントで鍛えるのは難しいので、普段からアウターマッスルとともに強化していくことが必要です。

Q 筋トレをすると体が硬くなるの？

A 筋肉と体の硬さに関連性がないため、硬くなりません。

「筋肉がついている人は体が硬い」とよく言われますが、筋肉の大きさと体の硬さに関連性はありません。

力士《りきし》や体操選手、オリンピックに出場するような一流のアスリートは、立派な筋肉がついていますが、体が硬い選手はほとんどいません。これは、筋肉を鍛えるとともに、ストレッチなどのメンテナンスの重要性を理解し、普段からきちんと行っているからです。

筋肉を鍛えたら、それと同じ時間分のメンテナンスをしなければいけません。もし、10時間かけて筋肉を大きくしたのなら、10時間分のストレッチが必要です。「筋肉がついて体が硬くなった」と言っている人は、それだけのメンテナンスができていないということになります。

Q 筋トレをすると体は若返るの？　それとも老けるの？

A 適度な筋力トレーニングであれば、体は若返ります。

ドイツの発生学者ウィルヘルム・ルーは、『ルーの法則』として、「**身体の機能は、日常生活以上の適度な刺激を与えると成長していくが、過度の負荷を与えると萎縮する**」ということを提唱しています。

筋細胞は約90日サイクルで入れ替わるといわれ、刺激があった方が丈夫になっていきます。骨についても同じことが言え、一度折れてしまった骨がくっつくと太くなるのも、『ルーの法則』の現れです。

しかし、一般の方が、一流のボディビルダーが体を作り上げるために行うトレーニングで過度な刺激を与えると、筋肉が萎縮したり、怪我をしてしまいます。自分の筋力レベルに合った適度なトレーニングは体を若返らせますが、過度なトレーニングは体を老けさせると言えるでしょう。

Q 筋トレは1日のなかで、いつ行うのが一番効果的?

A 夕方の時間帯、晩ごはん前がもっとも効果的です。

人間は、体温や血圧、ホルモンの分泌といった基本的な働きを、地球の自転による24時間周期に合わせて変化させています。これを生物学的に「サーカディアンリズム（概日リズム）」と言いますが、このリズムのもとでは、**人の体は午後2〜4時頃に体温が上昇しやすく、筋肉や脳波も活性化します。**そうした点から筋力トレーニングは夕方の時間帯に行うのが最適と言えます。

朝は、体がまだきちんと機能していません。起きて何時間も経たないうちに強度の高いトレーニングを行うと、脳血管障害を引き起こすリスクがあります。もし朝に体を動かすなら、深呼吸とともに大きな動きをゆっくり行う太極拳のような運動がいいでしょう。太極拳は一瞬で筋肉が収縮するような動きがありませんし、ずっと腰を落として行うので下半身の強化にもなります。

Q 筋トレと有酸素運動の順番は大事？

A 筋力トレーニングを先に行いましょう。

ダイエットや筋肉強化が目的であれば、筋力トレーニングを先に行いましょう。有酸素運動を先に行うと疲労が溜まってしまい、筋トレのときに集中力が持続しないからです（ただし、有酸素運動の能力を上げたい場合は、有酸素運動の後に筋トレを行った方が効果的です）。

有酸素運動は無心で、あるいは携帯型音楽プレーヤーなどで音楽を聴きながら行えます。ところが、筋トレは本来、周りの音が一切聞こえなくなるまで集中し、自分の世界に入り込むぐらいに意識を高めて行うのが理想です。そうなると、有酸素運動後の疲れた状態で、正しい筋トレを行うのは非常に難しくなるのです。

筋トレを行って筋肉が張った状態で有酸素運動を行えば、血流も盛んになり、脂肪が燃焼しやすく、疲れも溜まりにくいというメリットがあります。

Q 有酸素運動は、どんな運動を、どのくらいの時間やればいい？

A ウォーキングを20分以上行うのが効果的です。

脂肪の燃焼効率を高めるための有酸素運動としては、ウォーキングをおすすめします。有酸素運動といえばジョギングがベストだと思っている方も多いかもしれませんが、ダイエットが目的のときは走るよりも歩く方が有効です。

ダイエット効果を上げるには、最低20分間ぐらいのウォーキングが必要です。歩き始めて体が温まり、4～5分経って息が上がってきたところで、体がきちんと動く準備が整います。普段からあまり運動をしていない方にとっては、20分間走り続けるのは簡単ではありませんし、無理に速く走ろうとすると、それは無酸素運動に近づいてしまいます。体にかかる負担が少ないという点でも、ウォーキングの方が脂肪燃焼には適しているのです。

Q ストレッチは筋トレの前と後、どっちに行うの？

A できれば筋トレの前後、両方で行ってください。

ストレッチとは、筋肉を良い状態にするために、また、疲労を残さないために筋肉を伸ばすことです。筋トレの前に動的なストレッチを、筋トレ後に静的なストレッチを行うようにしましょう。

運動前に関節の曲げ伸ばしや回旋などの動的ストレッチ（＝ダイナミックストレッチング）を行うと、筋肉群の協調性が高まります。体を温め、動きをスムーズにすることで怪我の予防にもなります。ラジオ体操のような軽い動きで行う体操も、動的ストレッチに含まれます。

運動後に効果的なのは、筋肉を伸ばしたまま数十秒間静止する静的ストレッチ（＝スタティックストレッチング）です。これにより筋肉を柔らかくリラックスした状態に戻し、回復を促進するだけでなく、筋肉痛を予防できます。

Q 筋肉痛が残っていても筋トレを行って大丈夫？

A 大丈夫です。筋肉を回復させるための軽めのトレーニングをおすすめします。

筋肉は、太い筋原線維ミオシンと細い筋原線維アクチンが滑り合って、収縮したり伸展したりします。筋肉痛は、筋トレによってこれら筋原線維に傷がつき、滑りが悪くなった状態で、筋肉にある神経を介して痛みとして伝達されます（筋肉痛のメカニズムは諸説ありますが、この説が現在、有力とされています）。

筋原線維の滑りが悪く、じっとしている状態から急に動こうとすると、筋肉痛の痛みは大きくなります。そうならないために、**痛みを多少我慢しながら体をゆっくり動かし、筋原線維を少しでも滑らかにしておけば、筋肉痛は軽減されます。**

筋トレは専門的には、体作りのために強度の高いトレーニングを行う「ヘビーデイ」と、筋肉の回復を目的とする「ライトデイ」に分けられますが、痛みの大きい筋肉痛が残っているときはライトデイとして、軽めのトレーニングを行います。

Q トレーニングの目標設定のポイントは？

A 最終期限を設けた具体的な目標設定を、ハードルが高すぎるのはNG！

体型や筋肉の質は一人ひとり異なります。同じトレーニングを行っても、その効果に個人差が出てくるのはある意味、当然のことです。しかし、お腹を凹ませるために、「目標を立てて取り組む」という点だけは、すべての方に共通していなければなりません。目標の設定の際は、次の４つのポイントを心がけてください。

❶ 具体的な目標を立てる

「もう少しやせたい」とか「ウエストをもっと引き締めたい」といった漠然としたものでは、ゴールがどこか見えてきません。「体重を○kgにする」「ウエストを○cmにする」と具体的に数値化するようにしてください。

❷ 最終期限を設ける

具体的に数値化した目標をいつまでに達成したいのか、期限をきちんと決めておくことも大切です。ダラダラと何年もかけたところで、その方がモチベーションを維持するのが難しくなります。効果のスピードは人それぞれですから一概には言えませんが、もっとも遠い目標としては「1年後」あたりが妥当でしょう。最終ゴールだけでなく、短期的あるいは中期的な目標を立てるのも効果的です。

❸ハードルが高すぎる目標はNG

たとえば、運動不足の人が「腹筋トレーニングを毎日100回やる」と決めても、続かずに挫折してしまうでしょう。目標は高ければ高いほど、プレッシャーやストレスを感じることになります。ハードルは低くし、ちょっと緩いぐらいで十分。長く続けられる目標を設定してみてください。

❹決めた目標はオープンに

目標を決めたら、目につきやすい場所に掲げましょう。用紙に書いて自分の部屋や会社の自分のデスクに貼ったり、普段使っているスケジュール帳などに書き留めておくのもいいかもしれません。家族や友人、同僚に公言すると、応援や協力をしてもらえるでしょうから、さらに効果的です。

Q トレーニングが長続きしないワケは？

A 一時的に盛り上がる〝イベント〟として終わってしまうからです。

イベントではなく、生活サイクルの中にトレーニングを組み込んでいきましょう。歯を磨いたり、お風呂に入ったりすることと同じように習慣化するのです。

また、トレーニングによって得られる〝楽しさ〟を知らなければ、なかなか長続きはしないでしょう。私が以前指導した水泳選手は、それまで筋トレを漠然とやらされているだけでしたが、自分の弱点を理解したうえで取り組めたことで競技との関連性を見出し、結果的にタイム向上につながりました。また、私のクライアントには、腰痛や肩こりを克服し、体を動かすことの楽しさを実感している方が多くいらっしゃいます。そういう方はトレーニングの目的が明確なので長続きします。

トレーニングをただ漠然と行うのではなく、なぜこれが必要なのか、なぜここを鍛えるのか——。それをきちんと理解したうえで取り組むようにしてください。

Q どんな食事がおすすめですか？

A 低脂肪・高たんぱくがおすすめ。炭水化物は運動量に応じて。

栄養はまんべんなく摂るのが前提ですが、筋肉を増やして代謝を高めるために、「低脂肪・高たんぱく」という質的な食事制限が必要になります。「低脂肪・高たんぱく」を考えるなら、豆腐、納豆、枝豆、大豆たんぱく、鳥のササミ、卵の白身などがいいでしょう。調味油を使わない鍋物もおすすめです。

また、最近は、野菜を先に食べることで、糖質の急激な吸収を抑える食事法が注目されていますが、これもダイエットには効果的な食べ方で、ボディビルダーは昔から取り組んでいます。白米やパン、麺類などの炭水化物（＝糖質）は、脂肪として変換されて体に溜め込む性質があり、普段どれだけ運動しているかによって、食べて良い量が変わってきます。頻繁に運動していれば、ご飯を2～3合食べても太りませんが、仕事がデスクワークで、日頃からほとんど運動していないという方が同じ量を食べれば、すぐに太ってしまいます。

Q アルコールは筋トレに影響する？

A アルコール自体は筋トレに影響を及ぼしません。

筋肉痛が起きるぐらいの筋トレをした場合、その日にお酒を飲むと神経が鈍り、筋肉痛が多少軽減されますが、アルコール自体は筋トレに影響を及ぼしません。ただ、プリン体や糖質の高いお酒は、太りやすいので控えめにしましょう。また、酔っ払った状態での筋力トレーニングは、怪我につながるので絶対にやめてください。

Q 夜遅く食べるのは良くないってホント？

A 体のリズムを整えるために夜9時以降の食事は控えましょう。

夜遅くの食事は、食事から摂ったエネルギーが消費されにくいため、体に脂肪がつく原因にもなります。最近の遺伝子レベルの研究からも夜遅く食べると太りやすいことが実証されています。**晩ごはんは夜9時までに済ませ、日付が変わる前に眠りにつくのが理想**です。規則正しい食事や睡眠は、体作りには欠かせません。

Q プロテインを飲めば筋肉は大きくなる?

A プロテインだけを飲んでも大きくなりません。

筋肉を大きくするためには食事でたんぱく質を摂ろうとすると、たんぱく質以外の栄養素も含まれているため、余分なカロリーを摂取することになります。それを避けるために、たんぱく質"だけ"を粉状にしたものがプロテインです。

しかし、プロテインだけを飲んでも筋肉は大きくなりません。

筋力トレーニングを行い、筋肉が破壊されて、休息とともに超回復※が起き、筋肉量が増加します。そのタイミングでプロテインを摂取すれば、筋肉が喜んで吸収しますから、飲まないときよりも効果的に筋肉が大きくなります。

プロテインは薬ではなく、補助食品ですから、ほかの食事と同じようにそれだけを摂っても筋肉アップにはつながりません。筋トレを行ったうえで、筋肉が欲している状態のときにプロテインを摂取することで、効果が生まれるのです。

※超回復＝筋力トレーニング後に24〜48時間くらいの休息をとることによって起こる現象で、休息の間に筋肉の総量がトレーニング前よりも増加することを言います。

おわりに

本書で紹介した「5秒腹筋」トレーニングは、私自身が子どもの頃に経験した腰痛が出発点となって、開発に至ったトレーニングメソッドです。

幼少期になんの疑いもなくウサギ跳びや腹筋運動、腕立て伏せをしていた私は、腰痛をきっかけに、非効率的なトレーニングに疑問を抱くようになりました。

スポーツトレーナーとして運動指導をする側の立場になった現在も、正しい科学的根拠のない運動法をメディアが取り上げる風潮に対し、残念に感じています。そういう意味で、読者の皆さんに、私が培ってきた理論や経験をもとにした、「5秒腹筋」トレーニングをお届けできたことを心からうれしく思っています。

世の中には中年太りを含め、肥満に悩んでいる方がたくさんいらっしゃいます。コンプレックスを感じたり、ストレスを溜めてしまったりするのは、太っていることの様々なデメリットを自覚しているからでしょう。実際、太っている体を動かすことが億劫になったり、実年齢よりも老けて見られたり、また、腰痛や肩こり、生活習慣病など健康面にも悪影響を及ぼします。

年齢を重ねるにしたがって太ってしまうのは、筋肉量の減少と基礎代謝の低下が原因で、老化現象のひとつと言えます。

ですが、筋肉をつけるのに、年齢的な限界はありません。

繰り返しお話ししました通り、「5秒腹筋」は、いつでも、どこでも簡単にできて、短時間で効率よく筋肉を鍛えることができるのが特長です。運動不足や体力の衰えが気になる中高年の方々こそ実践していただき、筋肉量の貯金を増やし、より健康的な日常を手に入れてほしいと願っています。

本書が、中年太りに悩んでいるあなたのお役に立てれば幸いです。

松井 薫

松井 薫（まつい かおる）
「KIYORA南青山 整骨院」院長。パーソナルトレーナー。柔道整復師（医療系国家資格）。国士舘大学理工学部健康医工学系非常勤講師。NESTA JAPAN 日本支部設立参画理事。JPCA 日本パートナーストレッチ&コンディショニング協会理事。
国士舘大学体育学部卒。日本医学柔整鍼灸専門学校卒。幼少期に行った激しいスポーツの影響から、腰椎椎間板ヘルニアと腰椎分離症を発症。正しい運動法や減量法と、エビデンス（科学的根拠）を得た本物のプロスポーツトレーナーとなる為、体育学の専門学府である国士舘大学体育学部へ進学。卒業後、パーソナルトレーナーとして各界著名人の体作りを担当。魅せる体作り・競技特性に応じた体作りの他、歪みの調整に関しても定評がある。昨今では、任天堂「Wii Fit」のトレーニング監修を務めた他、トレーナー業界・治療家業界・フィットネス業界では初となる「徹子の部屋」（テレビ朝日系列）出演を果たしている。主な著書は『1回5秒でお腹が凹むスクイーズトレーニング』（永岡書店）、『10歳! 若返りストレッチ』（メディアファクトリー）など他多数。
●「KIYORA南青山 整骨院」http://www.kiyora-minamiaoyama.com/
●松井薫 ブログ http://ameblo.jp/ewfitness/

〈実験データ協力〉
和田匡史（国士舘大学理工学部理工学科健康医工学系教授）

STAFF
編集協力　城所大輔（株式会社多聞堂）　小野哲史
本文デザイン　萩原弦一郎、橋本 雪（株式会社デジカル）
イラスト　瀬川尚志
DTP　センターメディア

体を動かさずにお腹が凹む!
立ったままで「5秒腹筋」

著　者　松井 薫
発行者　永岡修一
発行所　株式会社永岡書店
〒176-8518 東京都練馬区豊玉上1-7-14
TEL. 03 (3992) 5155 (代表)
03 (3992) 7191 (編集)
印刷　精文堂印刷
製本　ヤマナカ製本

ISBN978-4-522-43350-8　C0075　①